BESTSELLER

José Reveles (ciudad de México, 1944) es un periodista con más de 40 años de experiencia. Ha colaborado para el diario *El Financiero*, el semanario *Proceso* y la agencia italiana de noticias ANSA. En 2001 fue acreedor al Premio Nacional de Periodismo. Sus investigaciones han versado, entre otros temas, sobre los derechos humanos, los abusos de poder, la represión a movimientos sociales y la conversión de México en un Estado militarizado. *Una cárcel mexicana en Buenos Aires* (1980), *Las historias más negras* (Debolsillo, 2009), *El cártel incómodo* (Grijalbo, 2010), *Las manos sucias del PAN* (2012) y *Levantones, narcofosas y falsos positivos* (Grijalbo, 2012) y *El* affair *Cassez* (2013) son algunos de sus libros.

JOSÉ REVELES

El Chapo:
entrega y traición

DEBOLS!LLO

El Chapo: entrega y traición

Primera edición: julio, 2014
Primera reimpresión: octubre, 2014
Segunda reimpresión: septiembre, 2015

D. R. © 2014, José Reveles

D. R. © 2015, derechos de edición mundiales en lengua castellana:
Penguin Random House Grupo Editorial, S.A. de C.V.
Blvd. Miguel de Cervantes Saavedra núm. 301, 1er piso,
colonia Granada, delegación Miguel Hidalgo, C.P. 11520,
México, D.F.

www.megustaleer.com.mx

Comentarios sobre la edición y el contenido de este libro a:
megustaleer@penguinrandomhouse.com

ISBN 978-607-312-435-5

Impreso en México/*Printed in Mexico*

Índice

Introducción   9

Tecnochips, mellizas y muerte   15

Saviano cree que *el Mayo* delató al *Chapo*   57

Entrega pactada, como en Colombia   91

Un *Chapo* con vocación de topo   141

El gobierno pasó del *Chapo* al *Chayo*   161

Índice onomástico   199

Introducción

Hay en México muchos muertos que siguen vivos, hasta que no pruebe lo contrario el gobierno que los asesinó. Y cuando de verdad perecen, ni siquiera es porque los liquide la autoridad. Hay detenidos de cuya identidad se duda, aunque nos digan que fue verificada y se exhiban los cotejos "decadactilares" de sus huellas; peritajes que no convencen a nadie.

En el primer caso está *el Chayo* Nazario Moreno, fundador y líder de La Familia Michoacana y luego de Los Caballeros Templarios, cuya verdadera y "segunda muerte" no fue contada como en realidad ocurrió.

En el segundo caso se ubica Joaquín *el Chapo* Guzmán Loera: la desconfianza ciudadana es fuerte y la gente prefiere dudar de las verdades oficiales; con esto las más altas autoridades se ven obligadas a montar un show mediático. Ahora resulta que las cámaras televisivas han alcanzado un rango de credibilidad por encima de las instituciones en nuestro país.

Guzmán Loera ya está preso otra vez y goza de privilegios que no tienen otros reos en la cárcel de alta seguridad de La Palma. Parece tranquilo: nadie lo hostiga, no es acosado física, psicológica, física, jurídica ni económicamente. Contra la costumbre en reos de nuevo ingreso, se le permite la visita conyugal, aunque no de la esposa que él mencionó en su declaración del 23 de febrero de 2014. Su vecino de la celda contigua es Teodoro *el Teo* García Simental, con quien habla todos los días. No se sabe que haya autoridad alguna que esté buscando las cuentas bancarias, las empresas reales o fantasmagóricas, las propiedades, las inmobiliarias, los ranchos, aviones y demás bienes que sumen o superen los mil millones de dólares que la revista *Forbes* dijo que le pertenecían, convirtiéndolo en uno de los personajes más poderosos del mundo.

Cuando estoy por poner punto final a este libro, tras la Semana Santa y antes de que pase el mes de abril de 2014, ya comienzan los ajustes de cuentas en el Cártel de Sinaloa, entre los posibles sucesores del *Chapo* Guzmán. Creo que ni Juan José Esparragoza Moreno, *el Azul*, ni Ismael Zambada García, *el Mayo*, podrán evitar el derramamiento de sangre que ya está cimbrando al mítico, más antiguo y más poderoso grupo de producción y venta de drogas (mariguana, opiáceos y drogas sintéticas) y trasiego de cocaína, no sólo en México, sino en el continente americano y posiblemente en el mundo: el Cártel de Sinaloa.

El principal jefe de seguridad del *Chapo* Guzmán, el ex militar de élite Manuel Alejandro Aponte Gómez, apodado *el Bravo*, habría sido liquidado el 8 de abril de 2014 cerca del poblado Los Tanques, municipio de La Cruz de Elota, Sinaloa. Cerca había otros tres cadáveres, uno de ellos perteneciente a otro militar, Jesús Eduardo Valadez Noriega, el ex reo Francisco Javier Ibarra Reyes y otro aún desconocido. Un nutrido equipo de militares vigilaba los cuerpos para evitar una sustracción, como ocurrió con *el Lazca*, Heriberto Lazcano, líder de Los Zetas, presumiblemente abatido por la Marina, sin saber que se trataba del peligroso capo.

Las huellas de Aponte Gómez coinciden con la licencia de manejo de 2002 que llevaba consigo y también con los registros oficiales del ejército, del que desertó en 2004, según el procurador de Sinaloa Marco Antonio Higuera Gómez.

Justamente en la primera declaración ante el Ministerio Público de la Federación, el 23 de febrero, el único hombre que acompañaba al *Chapo* Guzmán (cuando se supone fue recapturado en los condominios Miramar de Mazatlán), el también ex militar Carlos Manuel Hoo Ramírez, alias *el Cóndor*, mencionaba al *Bravo* Aponte como hombre clave de la seguridad de su jefe Guzmán Loera. Él se encargaba de bajar las cargas de droga de los aviones en Mazatlán, precisamente, como jefe de esa plaza y de la de Escuinapa; y pronosticó que habría posibles enfrentamientos entre él y quienes se sentían con derecho a suceder al *Chapo*. Peor aún si *el Bravo* Aponte, el más cercano a los activos hijos del *Chapo*, sospechaba que había sido *el Licenciado* Dámaso López Núñez (y su hijo *el Mini Lic*, Dámaso López Caro) quien traicionó y entregó a su jefe.

El terremoto propagandístico que marcó la recaptura del *Chapo* Guzmán (yo sostengo que fue una entrega pactada con el gobierno de Estados Unidos, anuente y casi ausente el de México, que más temprano que tarde lo extraditará para ser juzgado en cortes de la potencia mundial), fue pronto opacado por otras violencias incontrolables en varios puntos del país, sobre todo en Michoacán y en Tamaulipas. En estas páginas damos cuenta del negocio multimillonario en dólares que significa sacar ilegalmente del país millones de toneladas de fierro hacia China, al grado de que los narcos cambiaron las siembras de mariguana y amapola por la extracción minera. El dinero chino, al final de cuentas, alimenta la violencia en Michoacán.

Lo que vino a dar la puntilla en el asunto tan sensible de la recaptura del *Chapo* Guzmán fue la posterior suspensión del juicio en Chicago contra *el Vicentillo*, Vicente Zambada Niebla, quien tenía ya cuatro años en manos de las autoridades del país vecino y desde 2013 ha sido informante privilegiado de la DEA (agencia antinarcóticos de los Estados Unidos) y del Departamento de Justicia.

Esto corrobora la sospecha del escritor italiano Roberto Saviano de que *el Mayo* Zambada traicionó y dejó solo a Guzmán Loera. Por sí mismo pudo ser, yo digo, pero sobre todo a través de su hijo preso en Chicago. Y así fue presionado *el Chapo*, con información de primera mano, para orillarlo a pactar su rendición.

Para darse cuenta de la relevancia de que ya no se continuará juicio en contra del *Vicentillo*, no se le condenará a cadena perpetua, tan sólo a 10 años de cárcel (así saldrá antes de cumplir 50) y conservará privilegios múltiples para que continúe siendo informante de la DEA. Habrá que registrar el caso insólito de que el gobierno de Washington se reservó el derecho de incautar bienes y cuentas bancarias de este joven de 39 años por más de 1 373 millones de dólares, una fortuna superior a la que *Forbes* le atribuyó durante varios años consecutivos al *Chapo* Guzmán; más que lo que Soriana pagó por la cadena de tiendas Gigante y más que la inversión histórica para poner una planta automotriz de Ford en Hermosillo.

Aquí se exhiben datos duros sobre el empleo de microchips implantados para dar seguimiento a humanos, posiblemente hasta dar con el mismo *Chapo* Guzmán. Se detallan los arreglos históricos a los que Washington ha llegado para incautar fortunas de capos del narcotráfico en otras latitudes, tal como lo hizo con los hermanos Miguel y Rodríguez Orejuela, fundadores del Cártel colombiano de Cali, presos en Estados Unidos y a los que quitó 2 100 millones de dólares. Pero respetó una fortuna considerable para sus esposas, hijos y demás parientes, a quienes además se evitó perseguir aunque habían participado en actividades ilícitas y en blanqueo de capitales. Son precedentes a considerar, igual que la forma en la que se pactó hace más de 20 años la entrega de Pablo Escobar, líder del Cártel de Medellín, también en Colombia, quien se fugaría después como una sangrienta burla a las autoridades, pues transformó la cárcel de máxima seguridad de La Catedral, en Envigado, en una "cárcel de máxima comodidad", con todo tipo de lujos, dejándola lista para su evasión en 1992.

En mayo de 2014 la revista *Vice*, que circula en varios países, reveló que un cirujano del hospital Guernika, de Ciudad Juárez, aportó a la DEA, al FBI y a la Interpol el número del celular del que le llamaba la joven Emma Coronel. John W. Jewett, de la DEA en El Paso, bautizó al informante *Bisturí*, quien sirvió varios meses a las agencias de Estados Unidos.

Estas y muchas versiones más irán apareciendo con el tiempo. Pero la señal más evidente de que existió un pacto para la entrega de Guzmán Loera es que ni México ni Washington le han arrebatado un solo billete de su legendaria fortuna de·miles de millones de dólares. No asoma la voluntad política para hallar esa riqueza, más allá de la utilización política y mediática de la recaptura del más famoso capo de las drogas que sólo ha servido para apuntalar las reformas nada soberanas, y sí muy entreguistas, de Enrique Peña Nieto, a quien la propaganda elevó hasta un poco creíble, sitio entre los reformadores del mundo globalizado.

Tecnochips, mellizas y muerte

Las mellizas María Joaquina y Emmaly Guadalupe Guzmán Coronel, a sus tiernos dos años y medio de edad, habrían sido el involuntario señuelo humano para capturar a su padre, el traficante de drogas más buscado del mundo, el sinaloense Joaquín *el Chapo* Guzmán Loera.

La más reciente y pequeña de las varias familias conocidas del capo declarado enemigo número uno en Chicago, y primero en el *ranking* mundial de los más buscados por las agencias de inteligencia estadounidenses, se hallaba reunida el sábado 22 de febrero de 2014 en el condominio Miramar, en Mazatlán, según la información oficial de los gobiernos de Estados Unidos (primero en tiempo, primero en mando, primero en anunciar el operativo) y México.

Sólo estaban con Guzmán Loera y su joven esposa de 24 años, Emma Coronel Aispuro, la niñera Balbina, una cocinera y un vigilante solitario —el ex militar Carlos Manuel Hoo Ramírez, apodado *el Cóndor*, técnico en telecomunicaciones, pagador y guardaespaldas de toda la confianza del capo—, cuando marinos de élite arrestaron al *Chapo*. Algo impensable en alguien que alardeaba de sus círculos concéntricos de seguridad integrados por decenas de civiles y ex militares.

Lo simplemente lógico y mínimamente inteligente era que, al menos desde mayo de 2011, cuando fue liquidado cerca de Islamabad, en Pakistán, el líder de Al Qaeda, Osama Bin Laden, y entonces *el Chapo* ascendiera al primer sitio de los más buscados en el mundo, agentes de la Drug Enforcement Administration (DEA) hubieran puesto especial vigilancia y seguido paso a paso los movimientos de la esposa del capo (quien tiene ciudadanía estadounidense), incluyendo el cruce de la frontera México-Estados Unidos, meses antes del parto que tuvo lugar el 15 de agosto de 2011.

Cada detalle de su internamiento hospitalario fue observado y rigurosamente vigilado entonces. También estuvieron al tanto los hombres de inteligencia cuando ocurrió el alumbramiento doble y no abandonaron pista alguna durante meses y años después de que nacieran las pequeñas hijas de Emma Coronel Aispuro en el hospital Antelope Valley, de Lancaster, California, a las afueras de Los Ángeles. El día que las hijas del *Chapo* vieron la luz, los agentes constataron que ningún nombre aparecía en el espacio correspondiente al progenitor de las mellizas en el registro oficial. Al hospital se le podía ocultar la identidad del padre, pero a la DEA no.

"¿Sabes que los chips para geolocalización de personas son más pequeños que un granito de arroz? —me preguntó de sopetón un experto en estas tecnologías—. Si alguien revisa los cuerpos de las gemelitas y su madre allí van a encontrar la razón por la que los agentes de la DEA y la Marina mexicana dieron tan fácilmente con el capo y lo capturaron sin que estuvieran rodeándolo decenas de guardias en sus famosos círculos de seguridad, sin disparos, porque primero fueron aseguradas las mellizas y su madre, dejando al traficante de 56 años sin la mínima posibilidad de defenderse o quitarse la vida delante de sus seres más amados."

"No importa si las cosas ocurrieron como cuenta el gobierno —prosigue mi interlocutor—, sobre todo a través de medios y periodistas a los que llevó en *narcotours* por el condominio de Mazatlán y por los túneles de escape de las casas del *Chapo* en Culiacán. A Guzmán Loera ya lo tenían perfectamente ubicado. Esta vez muy probablemente gracias a los chips, pero la fuerza pública siempre ha sabido cómo, cuándo y por dónde se mueve el capo sin hacerle nada. En febrero de 2014 era el botín conveniente y estaba dada la coyuntura política para que Estados Unidos presionara por petróleo a México, para que la reforma energética de Enrique Peña Nieto fuera bien acogida por la opinión pública mexicana, para darle la razón a la portada de *Time* de que Peña Nieto era el salvador de México."

El tema es político, económico, de inversión y relaciones comerciales, de supeditación estructural, de afianzamiento del Partido Revolucionario Institucional (PRI) en el gobierno, de posicionamiento global del país. Es mucho más diplomático que policial o militar y el gobierno de Washington estaba más interesado en inhabilitar al capo que el propio gobierno mexicano.

De hecho, las agencias de inteligencia de Estados Unidos tenían localizado a Joaquín *el Chapo* Guzmán Loera y todos sus movimientos desde hacía por lo menos siete años antes de su captura en Mazatlán, Sinaloa. En varias ocasiones ofrecieron datos precisos al ejército mexicano, a las policías federales y a la Marina, pero siempre había un "ya merito", un "se nos fue en el último minuto", un aviso corrupto desde la entraña misma de las instituciones o un descuido nada accidental de puertas traseras o laterales de hoteles y de residencias para el escape. Y siempre aparecían veredas inescrutables que impedían rastrear la fuga del capo en zonas serranas.

Para atrapar al *Chapo*, uno de los capos más buscados del mundo, decía el embajador estadounidense Anthony Wayne el último día de marzo, "el comportamiento valiente de las fuerzas mexicanas fue apoyado por un largo y buen esfuerzo de cooperación entre la procuración de justicia de un lado y otro de la frontera". El director de *Excélsior*, Pascal Beltrán del Río, le preguntó si hubo información concreta por parte de Estados Unidos para capturar a Guzmán Loera.

"No creo que beneficie a nadie entrar en cuestiones específicas sobre este tema. Sólo diré que hemos tenido, tenemos y espero que continuemos teniendo una cooperación muy cercana, que es una vía de doble sentido. Estamos trabajando juntos para atrapar a estos criminales."

Era tan precisa su ubicación, que cuatro años antes de la recaptura cuerpos de inteligencia de Estados Unidos lo tenían perfectamente al alcance de la mano y simplemente querían matar al *Chapo*, pero el presidente Barack Obama no dio "luz verde" en 2010. (En cambio sí dio permiso para ejecutar a Arturo Beltrán Leyva el 16 de diciembre de 2009. El mandatario estadounidense no es ajeno a estas persecuciones internacionales: siguió en vivo la película de la localización y la ejecución de Osama Bin Laden, en mayo de 2011.)

Wikileaks publicó unos cinco millones de documentos oficiales, entre los cuales aparecieron mensajes de Fred Burton, vicepresidente de inteligencia y experto en cárteles mexicanos de la droga. Sus escritos revelan una interacción entre México y la inteligencia de Estados Unidos entre 2007 y 2011. De acuerdo con *El Diario de Juárez*:

En uno de los documentos filtrados por el sitio web de periodismo de investigación *WhoWhatWhy* se reveló que Estados Unidos tuvo la oportunidad de asesinar al *Chapo*, pero la Casa Blanca se negó a proceder. El primero de los mensajes de Burton se dio a conocer el 2 de noviembre del 2007: "Si la DEA puede específicamente localizar al jefe de Sinaloa, *el Chapo*, éste será asesinado", escribió Burton.

Sin embargo, Burton, más de dos años después, dijo en un correo electrónico de febrero de 2010 que la DEA "tuvo una oportunidad para ejecutar al *Chapo*" pero que la Casa Blanca "no permitió que tal misión se llevara a cabo". Y comentó con sarcasmo, dolido por el freno presidencial a sus intenciones: "¡Dios nos libre de molestar a nuestros queridos vecinos mexicanos!"

El diario añadió que el presidente mexicano, Felipe Calderón, "les ha dicho a algunos que la violencia ha alcanzado un punto en el que él se haría de la vista gorda ante las acciones unilaterales de la CIA o la DEA, si ellos quisieran tomar ese camino, siempre y cuando él pueda negarlo". Fue Obama, y no Calderón, quien impidió la eliminación física del *Chapo*.

No podía esperarse otra conducta de un gobierno falsario que hoy se sabe "mató" sólo mediáticamente, para así dejar libre y actuante, a Nazario Moreno *el Chayo*, líder de Los Caballeros Templarios de Michoacán, en diciembre de 2010, presumiendo ese "logro" mentiroso en un boletín oficial y en declaraciones a los periodistas. No fue un error por falta de información precisa, sino una de las múltiples perversidades del sexenio ya ido. Vivito y coleando otros tres años y tres meses, habiendo reforzado el dominio criminal de territorios para Los Caballeros Templarios, el capo hubo de ser abatido, ahora sí de verdad, en marzo de 2014, aunque no en la forma en que presumió que lo hizo la Marina, como explico al final de este libro.

Escribí varios años atrás, en el libro *Villa, Sofía Loren y los sandinistas*, de la Colección de Cuadernos de *El Financiero*, que el general Guillermo Galván Galván, secretario de la Defensa Nacional durante el gobierno de Felipe Calderón, presumía el 27 de febrero de 2008 que nuestro país contaría, gracias a la ayuda de Washington, con "tecnología de comunicación telefónica de punta para poder detectar a capos del narcotráfico con el fin de obtener su ubicación".

Menos de 72 horas después de ese anuncio, esa elogiada tecnología era utilizada, el 1º de marzo, para bombardear y devastar a un campamento de las Fuerzas Armadas Revolucionarias de Colombia (FARC) en Sucumbíos, Ecuador, donde fueron masacrados 24 supuestos guerrilleros y varios civiles mexicanos que los acompañaban. Chips en computadoras y teléfonos satelitales geolocalizables guiaron las bombas al punto exacto donde estaba "el enemigo".

Allí conté también cómo la policía colombiana capturó en 1989 a Freddy Rodríguez Celades, hijo del capo colombiano José Gonzalo Rodríguez Gacha, apodado *el Mexicano*, y cómo agentes estadounidenses le inocularon un chip que, cuando Freddy visitó a su padre en el rancho El Tesoro, en Tolú, guió a la DEA hasta lograr que padre e hijo fueran masacrados el 15 de diciembre siguiente. (Basta una inyección para introducir el chip en el cuerpo humano.)

Otro dato: Luis Carlos Restrepo, quien fue comisionado presidencial para la paz en Colombia, reveló que servicios de inteligencia de las FARC descubrieron y ejecutaron a una presunta infiltrada en la guerrilla, "quien llevaba ocultos chips en los senos y en los dientes", de acuerdo con datos hallados en la computadora de Raúl Reyes, una laptop milagrosa y sospechosamente incólume después de que las bombas lanzadas sobre el campamento guerrillero en Sucumbíos dejaran cráteres como de una escena apocalíptica en cientos de metros a la redonda.

En Colombia también ocurrió la tecnológica ubicación del jefe militar de las FARC, Jorge Briceño Suárez o Víctor Julio Suárez Rojas, mejor conocido como *Mono Jojoy*, mediante un chip que se le habría colocado en una de sus botas de fabricación especial, ya que padecía diabetes y tenía problemas en los pies debido a esa enfermedad, que conforme avanza afecta la circulación e impide la cicatrización de las heridas.

Servicios de inteligencia habrían interceptado llamadas de la guerrilla en las que solicitaron los zapatos especiales. Cuando fue enviado el pedido a la selva, las botas llevaban un chip geolocalizador que sirvió para liquidar a *Mono Jojoy* y a varios de sus guardias en una cueva de La Macarena, en el centro de Colombia. Detrás de la tecnología llegaron al sitio, la noche del 22 al 23 de septiembre de 2010, más de 50 aeronaves que lanzaron bombas a granel. Como una calca del caso de la mágica computadora de Raúl Reyes, en esta ocasión después del inmisericorde bombardeo fueron rescatadas 15 computadoras y 60 memorias USB pertenecientes a la insurgencia, según el gobierno.

El general Óscar Naranjo, entonces director de la policía colombiana (después fue contratado para asesorar al político mexicano Enrique Peña Nieto, desde que era candidato y después como presidente de la República, durante el florecimiento de las autodefensas en Michoacán), negó la versión del chip. "Es parte de la novela cuando logramos estos golpes. No hubo chip. El jefe guerrillero fue ubicado mediante fuentes humanas y posteriormente bombardeado su campamento".

El almirante Édgar Cely, comandante de las fuerzas militares de Colombia, condenó que versiones sobre un supuesto chip busquen "deslegitimar la operación" y pongan en riesgo otras acciones contra jefes guerrilleros. Operación Sodoma se llamó esta acción devastadora, antes de la cual, en efecto, fue capturado el "correo humano" cuando se dirigía a ordenar las botas especiales para *Mono Jojoy*. Fue interceptado y habría aceptado una oferta millonaria para traicionar a su jefe. Entonces se colocó el dispositivo electrónico en las botas.

El delator recibió una recompensa monetaria del gobierno colombiano, pero nunca los cinco millones de dólares que ofrecían las autoridades de Washington, por lo que terminó detallando el operativo tecnológico.

Los chips de la Procuraduría General de la República

Nada hay nuevo bajo el sol. Y, en efecto, en México, hasta la Procuraduría General de la República (PGR) validó la utilidad de los chips, cuando presumió, en julio de 2004, que se los colocó a 168 funcionarios para ubicarlos las 24 horas del día en cualquier punto del país y para que ellos pudieran acceder al área de alta seguridad del Centro Nacional de Información para la PGR que entonces inauguraba el presidente Vicente Fox. (Entonces se habló de que eran dos chips con dos diferentes funciones: la geolocalización y el acceso a un sitio reservado para investigadores y funcionarios con autorización.)

De chips geolocalizables se habló también cuando fue secuestrado, en mayo de 2010, *el Jefe* Diego Fernández de Cevallos. Las versiones de la autoridad y de la prensa coincidieron en que le fue extraído por sus captores. Según la agencia española EFE, el chip fue arrojado y luego localizado "en una confluencia de carreteras ubicada en Querétaro, a unos 40 kilómetros del rancho La Cabaña", de donde habría sido raptado Fernández de Cevallos.

"El hallazgo sucedió después de que la Secretaría de la Defensa Nacional (Sedena) lo rastreara el 15 de mayo pasado, vía satélite, con un avión Embraer, con equipo especial, que supuestamente da un margen de error de un metro", decía EFE citando a *Excélsior*.

Se habría utilizado un sistema de posicionamiento global (GPS) que dio con el chip, provisto con un sistema de radiofrecuencia diseñado para la atención de emergencias médicas, así como para la identificación y la localización de quien lo lleva. Al parecer, éste le fue implantado bajo la piel a Fernández de Cevallos en 2004, cuando Rafael Macedo de la Concha dirigía la PGR, durante el mandato presidencial de Vicente Fox. Entonces Fernández de Cevallos, del Partido Acción Nacional (PAN), presidía el Senado. "El coste del chip es de 46 860 pesos mexicanos (unos 3 630 dólares) y el pago anual para mantenerlo operativo, de 23 900 pesos (1 850 dólares)", detalló *Excélsior*.

Una nota de *La Jornada* de la época afirma que cuando *el Jefe* Diego bajó y cerró su camioneta, una Cadillac Escalade EXT 2007, "uno de los secuestradores lo sujetó por la espalda, mientras al menos otro, después de un breve forcejeo, le habría quitado de alguna parte del cuerpo, con un arma punzocortante, el chip que traía". Eso explicaría el pequeño charco de sangre que se encontró en la escena del crimen.

Las fuentes consultadas precisaron que el chip fue colocado a Fernández de Cevallos cuando se desempeñó como senador, el sexenio pasado. Después de que concluyó su encargo como legislador federal, lo mantuvo. Éste es similar a los que se utilizan para localizar automóviles.

Ese tipo de servicios, sólo por colocar la cápsula georreferencial, cuesta al menos 2 000 dólares, pero los usuarios deben pagar el costo de éstos, que oscilan entre 900 y 5 000 dólares mensuales, dependiendo de la empresa. El chip se implanta bajo la piel, mediante un minúsculo panel de circuitos integrados, gracias al cual pueden ser localizados vía satélite hasta en las guaridas de los delincuentes.

Su implantación en humanos no es novedad. La empresa estadounidense Verichip Corp la efectúa desde hace una década, fundamentalmente para identificar a personas con graves problemas de salud o para encontrar ancianos que se extravían con frecuencia. En México comenzó a utilizarse en 2002, cuando la empresa Soluciones de Localización Satelital, filial de Applied Digital Solutions, decidió emplear el dispositivo para combatir los secuestros. Se le conoce como *verichip* o *chip de silicio*, pues es del tamaño de un grano de arroz. Se coloca por lo general en el hombro del usuario. Según estimaciones de Solusat, unas 10 000 personas en el país lo usan actualmente. Entre las empresas de ese tipo destaca Xega, con sede en Querétaro, la cual ofrece la colocación del artefacto para que la persona que lo porta pueda ser monitoreada a toda hora.

Los *verichips* no son inocuos porque contienen vidrio y metal y "se le pueden freír dentro del brazo y quemarle", según investigación de medios de prensa españoles. "También existe el riesgo de que el implante, una vez dentro del brazo, se mueva y se coloque quién sabe dónde".

El tema es controversial, pues expertos aseguran que, hablando de la nanotecnología, aún no se diseña una pila con suficiente duración para hacer eternamente útil el chip. Hay otro problema: la energía requerida para la conexión satelital, además de agotar la pila, puede lastimar al cuerpo portador del chip.

El analista e investigador Fred Álvarez Palafox explicaba en su *blog* que el microchip

> es un pequeñísimo circuito de computadora del tamaño de un grano de arroz que se coloca justo bajo la piel en el tejido subcutáneo de un brazo, entre el codo y el hombro; se implanta usando una jeringa, se compone de una bobina, un capacitor y un transmisor; la bobina actúa como antena para emitir y recibir señales de radiofrecuencia capaces de atravesar la piel. Una vez colocado es prácticamente indetectable e indestructible. Cada chip contiene un número único e inviolable de 16 caracteres el cual es capturado por un lector externo.

Cito a Antonio Aceves, director de Solusat, quien anunció que serían implantados en meses siguientes chips en cuerpos de integrantes del ejército mexicano y de funcionarios cercanos a Vicente Fox. Will Weissert, reportero de la agencia Associated Press y autor del artículo, publicado en *El Nuevo Herald* el 16 de julio de 2004, se preguntaba a propósito de las declaraciones de Aceves: "¿Qué gana la sociedad con que sus principales servidores públicos tengan implantado un microchip?"

En el caso de la PGR quizá para lo único que sirva sea para tener un control absoluto de sus empleados, que pueden ser localizados en cualquier lugar de la república gracias a la tecnología satelital. Pero, ¿acaso con ello disminuirá la delincuencia?

Otra corroboración del uso de chips: el general Mario Arturo Acosta Chaparro, un feroz represor de la guerrilla que terminó por poner su experiencia de décadas en los subterráneos del sistema para proteger actividades del narco organizado por Amado Carrillo, el desaparecido *Señor de los Cielos* —según un tribunal castrense que lo condenó—, fue liberado seis años después gracias a un amparo. Una vez fuera de prisión, enseguida el gobierno lo reivindicó, lo ascendió hasta el escalafón más alto del ejército y "se cayó para arriba", convirtiéndose en el asesor indispensable y en el operador del trabajo más sucio durante el sexenio de Felipe Calderón.

Sus tareas incluyeron los pactos de la Presidencia de la República con los principales capos del narcotráfico, según el periodista Jorge Carrasco, de la revista *Proceso*, un tema álgido que jamás fue desmentido. Habló con los Beltrán Leyva; con Heriberto Lazcano, *el Lazca*; con Miguel Ángel Treviño, *el Z-40*, para acordar una eventual tregua entre los narcos y el gobierno federal.

En esa tarea oficialísima, cumplida como si fuera extraoficial, vino el ofrecimiento de su compañero de estudios y amigo, el general Guillermo Galván Galván, de que se colocara un GPS, un chip localizador en el brazo.

"No, Memo. Yo soy negociador, no traidor", le habría dicho el general Acosta, quien terminó siendo asesinado en la colonia Pensil, en el Distrito Federal, el 20 de abril de 2012. ¿Fuego amigo? ¿Cobro de cuentas pendientes? Lo cierto es que fue una ejecución al más puro estilo colombiano, perpetrada por dos jóvenes que llegaron y huyeron a bordo de una motocicleta mientras el general discutía la reparación de su automóvil Mercedes Benz con un mecánico especializado.

Osama y Guzmán, según Napolitano

Una coincidencia más: Janet Napolitano, secretaria de Seguridad de Estados Unidos, visitaba México en febrero de 2013 y se vio casi profética un año antes de la recaptura del *Chapo* Guzmán, cuando un error de traducción la hizo decir que al traficante mexicano le iba a pasar lo mismo que a Osama Bin Laden. Más de siete horas tardó la Secretaría de Gobernación, encabezada por Alejandro Poiré, para enmendar la ausencia de un "no" en la traducción simultánea. Parecía que Napolitano anunciaba el ingreso de drones y el bombardeo desde el cielo contra la guarida de Guzmán Loera, cuando todos los medios reprodujeron la falsedad de la versión estenográfica: "Nos tomó 10 años atrapar a Osama; ustedes saben qué pasó y lo mismo va a pasar con Guzmán", se publicó. En realidad, la respuesta completa correcta, cuando un periodista le preguntó por qué no era capturado *el Chapo* Guzmán, fue la siguiente:

> Bueno, quiero decirle algo: nos tomó 10 años atrapar a Osama Bin Laden, lo encontramos y ya sabe usted lo que pasó. *Yo no creo* que va a suceder lo mismo con Guzmán; lo único que estoy sugiriendo es que somos persistentes cuando estamos cerca del mal que daña a ambos países, al suyo y al nuestro. Así que este tema continúa de una manera exhaustiva.

En cuanto fue abatido el líder de la red terrorista Al Qaeda, el primer domingo de mayo de 2011, por tropas de élite estadounidenses, el diario británico *The Guardian* colocó al narcotraficante mexicano Joaquín *el Chapo* Guzmán en el primer sitio como el hombre más buscado del mundo en las listas de las agencias de seguridad internacionales, incluida la DEA, el FBI y la Interpol.

Al quedar vacante el primer lugar cuando fue liquidado Osama Bin Laden, el capo mexicano subió en el *ranking* mundial. *The Guardian* colocaba al *Chapo* incluso por encima de otros prófugos relevantes, como Matteo Messina Denaro, líder de la Cosa Nostra italiana; Felicien Kabuga, acusado de ser uno de los principales responsables del genocidio en Ruanda, y Semion Mogilevich, cabecilla de la mafia rusa.

La revista estadounidense *Forbes* ya había mencionado al capo sinaloense entre los personajes más poderosos del mundo en tres ocasiones (serían cuatro hasta antes de su recaptura), calificándolo como "implacable y determinado". Estimó su fortuna en por lo menos 1 000 millones de dólares y en 2010 lo ubicaba entre los más ricos.

En un artículo de mayo de 2011, *The Guardian* calificó al *Chapo* como "el hombre de las listas", pues el capo mexicano, además de las menciones entre los más ricos del mundo en *Forbes*, aparecía entre los más buscados por la DEA (que ofrecía 5 millones de dólares por informes para capturarlo). Luego, en 2009, se le enlistó entre las personas "más influyentes del mundo", según la revista estadounidense *Time*, la misma que en 2014 colocó a Enrique Peña Nieto como el presidente que salvaría a México.

Forbes adjudicó a Guzmán 25% del tráfico de drogas de México a Estados Unidos y recordó que el gobierno mexicano ofrecía una recompensa de 3 millones de dólares por información que ayudase a reaprehenderlo. Ésta era la lista de los 10 hombres más buscados del mundo, después del sinaloense, elaborada por *The Guardian*:

1. Joaquín *el Chapo* Guzmán Loera.
2. Dawood Ibrahim, jefe de la red criminal india.
3. Semion Mogilevich, jefe de jefes de la mafia rusa.
4. Matteo Messina Denaro, máximo capo de la Cosa Nostra.
5. Alimzhan Tokhtakhounov Uzbek, miembro de la mafia rusa.

6. Felicien Kabuga, autor intelectual del genocidio en Ruanda.
7. Joseph Kony, líder de la guerrilla en Uganda.
8. James *Whitey* Bulger, antiguo gángster estadounidense.
9. Omid *Nino* Tahvili, jefe de la red criminal canadiense.
10. Ayman al Zawahiri, número dos de Al Qaeda.

El día en que fue abatido Osama Bin Laden y Joaquín Archivaldo Guzmán Loera ocupó su lugar, la joven esposa del *Chapo*, Emma Coronel Aispuro, estaba por cumplir seis meses de embarazo. Y desde entonces se convirtió en la niña de los ojos de la DEA, del FBI, de la CIA, de Aduanas y de una docena más de agencias de inteligencia del país vecino, en cuyo territorio finalmente daría a luz a las mellizas.

La hipótesis de mi amigo experto muestra que las historias se repiten, como se evidencia en los múltiples ejemplos citados y en la capacidad tecnológica evidente de haber tenido siempre localizado al capo más famoso del tráfico de drogas en el mundo. Creo que, ante versiones tan disímiles de la autoridad sobre el modo en que fue recapturado *el Chapo* hay que reivindicar el derecho inalienable a especular.

UNA DECISIÓN DE WASHINGTON

Donde no hay la mínima necesidad de formular hipótesis, porque es obvia hasta la saciedad, es en la participación de las agencias estadounidenses en el seguimiento puntual, la ubicación y la recaptura de Guzmán Loera. Por algo la noticia primero apareció en los medios del país vecino. Un mensaje de Twitter de Associated Press desató la información antes de las 10 de la mañana del sábado (*el Chapo* había sido capturado en Mazatlán a las 6:40 de la mañana, según el reporte oficial) y *The New York Times* tuvo la primicia de la fotografía en la que se ve al capo sometido y tomado de los cabellos por una mano que lo obliga a ver hacia arriba, con algunos golpes y heridas leves en el rostro.

La noticia ya daba la vuelta al mundo horas antes de que el presidente Enrique Peña Nieto y otras autoridades mexicanas confirmaran que el sinaloense de 56 años había sido aprehendido.

Ese sábado 22 de febrero de 2014 resucitó el afán protagónico del ex presidente Felipe Calderón Hinojosa, cuyas policías y soldados nunca, durante sus seis años de mandato, pudieron o quisieron capturarlo. Calderón envió un mensaje de felicitación al gobierno de Peña Nieto por la exitosa aprehensión del *Chapo*, aun antes de que oficialmente las autoridades mexicanas hubiesen dado la noticia.

Durante las horas que siguieron, diversos medios escritos y electrónicos manejaron versiones en el sentido de que, gracias a los drones —aviones no tripulados que sobrevuelan el espacio aéreo mexicano—, fue posible la recaptura. O que fue localizado el teléfono satelital que estaría empleando el capo en esos momentos, desesperado y pidiendo ayuda, cuyo número habría aparecido en uno de los móviles incautados días antes.

Lo cierto es que no había necesidad del empleo de drones si ya habían capturado días antes a varios personajes de la seguridad de Ismael *el Mayo* Zambada y del propio Guzmán Loera en cuyos celulares —todos ellos preferían utilizar Blackberry— podrían aparecer los números del aparato del capo más buscado.

Con el simple cruce de datos era posible dar con los aparatos de Guzmán Loera, me explica un oficial del ejército dedicado —hace al menos 33 años— a captar llamadas telefónicas, al servicio de varias dependencias federales y estatales. Así, también era posible ubicar los números móviles de la joven esposa Emma Coronel. Con un moderno aparato que cabe en un portafolio de tamaño normal se pueden "recoger" y guardar todos los números de teléfonos móviles en un lugar como un restaurante, un hospital, una oficina, un hotel, una colonia. Si se confirma la presencia del portador en alguno de esos sitios, basta con cruzar los números captados en otro sitio que haya visitado y aparecerán llamadas entrantes y salientes de relevancia en un mismo teléfono, que los expertos saben ubicar inmediatamente y sin problemas.

Por su parte, los drones, en efecto, detectan los movimientos de los seres humanos desde el espacio, con alcance de varios kilómetros, pero los servicios de inteligencia de Estados Unidos más bien podrían haberlos utilizado solamente para confirmar que los marinos mexicanos estuvieran haciendo lo correcto en la Operación Gárgola, a raíz de información e investigación ya para ese momento binacional y compartida.

Insisto: a Guzmán Loera se le seguía la pista semanas, meses y hasta años antes, pero era una cuestión de decisión sobre el momento preciso, a conveniencia simultánea de Washington y de México, en una coyuntura política y diplomática favorable, para cazarlo de manera eficiente. Al final todo ayudó —seguimiento personal; control de los celulares propios, los de sus familiares y los de su círculo cercano; ubicación de vehículos terrestres, aviones y helicópteros utilizados; sitios de pernocta; chips de geolocalización en cuerpos, ropa y computadoras; visita a hospitales y clínicas— cuando el propósito fue coronar con éxito una intervención binacional obligadamente ejecutada con pericia y con todos los adelantos disponibles a fin de que resultase absolutamente segura.

Uno de esos publicitados seguimientos, aderezado con aventura sexual de por medio y coronado con una de las fugas más bizarras entre los múltiples escapes del *Chapo*, habría ocurrido en febrero de 2012. Ese "por poquito", aquel "se nos fue por minutos", fue narrado con lujo de detalles por el subprocurador de Investigaciones Especializadas en Delincuencia Organizada, Cuitláhuac Salinas Martínez, cuando reveló que hubo un fallido y pospuesto encuentro del capo sinaloense con una bella mujer, a la que el funcionario mencionó como "una sexoservidora", en una residencia rentada en Punta Ballena, en Los Cabos, Baja California Sur. Eran épocas de propaganda mediática, así se tratara de un total fracaso, de una pifia garrafal disfrazada de aproximación al arresto. Era como el consejo del antiquísimo líder de la Confederación de Trabajadores de México (CTM), Fidel Velázquez: "Que hablen de ti todos los días, bien o mal, pero que hablen".

Cuitláhuac Salinas tuvo que abandonar el cargo antes de que finalizara el sexenio de Felipe Calderón, confrontado con la procuradora Marisela Morales, para emigrar hacia el Poder Judicial de la Federación; ella, por su parte, obtuvo inmunidad diplomática, por si las dudas, y viajó con nombramiento oficial hacia el consulado mexicano en Milán.

Así se lo contó Cuitláhuac al diario *Reforma*: "Tres días antes [del operativo del 21 de febrero] llegó ella, esperando al que iba a ser su cliente. Lo vio poco antes de su detención [de la mujer] y por cuestiones de que a ella se le presentó su menstruación, se supone que lo dejaron para después".

Cuitláhuac repetía a la prensa que "si no hubiera sido esa circunstancia, lo habríamos encontrado allí". La joven fue llevada, vendada de los ojos, a la casa que *el Chapo* había rentado previamente en Punta Ballena, narró el subprocurador.

Estaban presentes, además, un jardinero, una cocinera y un piloto, detalló. No había recato alguno en la narración, como si se tratara de un capítulo más de la serie de Hugh Hefner y sus conejitas de *Play Boy*.

Sin tetas no hay paraíso es el título de la excelente novela de Gustavo Bolívar sobre las novias de los traquetos colombianos. Desde enero anterior al frustrado encuentro, la belleza convocada se había hecho una cirugía pagada por su futuro cliente: "La señora señala que van y la contratan desde enero, se gana un dinero para hacerse una mejora física, una cirugía estética, la llevan al hospital y luego la sacan", revela el funcionario, cuyos datos, hasta el momento, sugieren que *el Chapo* no había querido modificar su rostro, "aunque ha pagado cirugías a sus empleados".

Esa aversión de Guzmán Loera por modificar los rasgos de su rostro quizás tenga que ver con la supuesta muerte de su ex socio Amado Carrillo Fuentes, *el Señor de los Cielos*, en un modesto hospital de la ciudad de México, precisamente por una liposucción y una cirugía estética facial. El 21 de febrero de 2012 —febrero siempre resultó fatal para *el Chapo*—, la policía allanó la residencia y solamente pudo llevarse al jardinero, al piloto, a la cocinera y a la sexoservidora, dos camionetas blindadas, granadas y un fusil habilitado como lanzagranadas, según el parte oficial.

Las autoridades estaban orgullosas de que *el Chapo* se les hubiera escapado en otras dos ocasiones, durante el año precedente: cuando fue abatido su jefe de escoltas, a quien equivocadamente identificaron como *el Fantasma*, Jonathan Salas Avilés, en Quilá, Culiacán, y cuando fue capturado uno de los hijos de don Adán Salazar Zamorano, traficante del círculo más cercano del capo.

Citado por la revista *Proceso*, el mismo funcionario declaró textualmente: "En el caso [del *Chapo*] nuestro objetivo es principal, primero porque es cabeza de un cártel, segundo porque en un momento logró la evasión de un penal de máxima seguridad y, además, porque la trascendencia del sujeto a nivel económico es de mucha peligrosidad para el Estado mexicano", concluía Cuitláhuac Salinas.

Si la trascendencia del individuo a nivel económico "es de mucha peligrosidad", ¿por qué el gobierno —el de antes y el de ahora— no atacan esa columna vertebral de las finanzas delincuenciales? ¿Por qué no conocemos algún decomiso, algún hallazgo de cuentas bancarias, inversiones inmobiliarias, una lista de propiedades del capo ya capturado? Otra vez la pregunta reiterada: ¿dónde están los mil millones de dólares, o más, que la revista *Forbes* dice que poseía Joaquín Guzmán Loera?

HUELLAS CERCANAS

Mientras esa respuesta llega, hipotéticamente, porque no la veo por ningún lado, repasemos otra vez algunos hechos que se registraron los días previos a la recaptura:

Joel Enrique Sandoval Romero, apodado *el 19*, era reputado como el jefe de sicarios del *Mayo*. Con él fueron aprehendidos el jueves 13 de febrero, Apolonio Sandoval Romero, *el 30*; Cristo Omar Sandoval Romero, *el Cristo*;

Jesús Andrés Corrales, *el Bimbo*; y Marco Pérez Urrea, *el Pitaya*. Tenían 91 armas de uso exclusivo del ejército, cartuchos, vehículos y casi 300 000 pesos en efectivo.

Siempre encabezados por elementos de la Secretaría de Marina, auxiliados por soldados y policías federales, en diversos cateos y operativos en Culiacán y en Tijuana fueron allanados domicilios y detenidos más de 15 operadores. Las autoridades afirmaban públicamente que andaban tras las huellas del *Mayo* Zambada, quien, voluntariamente o no, sirvió como distractor del objetivo real que era *el Chapo* Guzmán. (Es absurdo que funcionarios estatales y federales anuncien intenciones de esa magnitud en los medios, pero así ocurría, como avisos encriptados a sus cómplices.) Aparecieron más armas largas y 14 blindados de los 20 vehículos incautados en una residencia de Colinas de San Miguel, en Culiacán, junto con decenas de celulares.

Entre las capturas más relevantes de esos días de febrero estuvo la de Jesús Peña, apodado *el 20*, hombre de toda la confianza de la cúpula del Cártel de Sinaloa. Los diarios lo colocaron como jefe de seguridad del *Mayo*, pero en su declaración ministerial posterior, el único sujeto capturado junto con *el Chapo* (Carlos Manuel Hoo Ramírez) no lo ubica como encargado de la seguridad de Zambada, sino de su jefe, Guzmán Loera.

A Jesús Peña le gustaba ostentarse ya como el jefe del grupo de sicarios más violentos del Cártel de Sinaloa, llamados Los Ántrax, después de que, en diciembre de 2013, fuera detenido en Holanda el joven y violento José Rodrigo Aréchiga Gamboa, alias *el Chino Ántrax*. No solamente Peña, sino varios personajes más se atribuyen hoy el liderazgo del sicariato, como *el Mini Lic,* Dámaso López Caro, según se describirá en las siguientes páginas. También fue arrestado Omar Guillermo Cuén Lugo, sindicado como uno de los principales encargados de trasegar droga hacia Estados Unidos.

Como lo más probable es que *el Chapo* ya estaba localizado tiempo antes, se esperó el momento más oportuno para ir por él, sin balaceras ni derramamiento de sangre, mientras estaba en un ambiente familiar.

Otro acercamiento se había comenzado a dar desde un año antes, el domingo 9 de febrero de 2013, cuando las fuerzas armadas capturaron al verdadero *Fantasma,* Marcelino Ticante Castro. Este hombre, nacido en Veracruz, militó en el ejército y luego fue policía municipal en Culiacán, de donde fue reclutado por Dámaso López Núñez, alias *el Lic,* el hombre que durante meses hizo todos los preparativos para la fuga del *Chapo* de la cárcel de supuesta alta seguridad de Puente Grande, en enero de 2001, ya que había sido puesto allí desde muchos meses antes por su compadre Guzmán Loera como subdirector de Custodia y Vigilancia, ni más ni menos.

Fue *el Fantasma* quien reclutó a su amigo, también ex militar, Hoo Ramírez, apodado *el Cóndor,* cuando ambos estaban en activo. Se lo presentó al *Chapo* y Hoo fue ascendiendo en jerarquía, pues contaba con toda la confianza del capo. Hoo era el único hombre junto al *Chapo* en el momento de su detención.

Por su parte, *el Fantasma* hacía honor a su apodo, pues aparentó morir el 2 de febrero de 2012 cuando, habiendo comprado la identidad de Jonathan Salas Avilés, aparentemente fue abatido en la sindicatura de Quilá, en Sinaloa, como decíamos antes. Se reportó otra muerte falsa ese día, cuando algunos medios dieron por abatido también a Manuel Alejandro Aponte Gómez, apodado *el Bravo*, también ex militar de élite, quien años después seguía vivito y coleando en la relevante labor de bajar aviones con cocaína en Sinaloa.

Todo lo anterior fue investigado mientras ocurría la Operación Crank Call, que se llevaba a cabo desde 2011, por medio de la cual se desmanteló una red de producción y comercio de heroína, mariguana, metanfetaminas y trasiego de cocaína en Arizona, y que logró la captura de unas 200 personas.

El verdadero *Fantasma*, el militar que presentó a su compañero de armas Hoo Ramírez, se llamaba, pues, Marcelino Ticante Castro y no Jonathan Salas Avilés. Se trataba de un hombre entregado a todos los excesos con drogas y alcohol y, por tanto, había sido degradado desde su posición de principal jefe de seguridad del *Chapo* Guzmán. Como escribió el semanario *Río Doce* de Sinaloa: "De aquel hombre cuyos corridos cantaban la virtud de aparecer y desaparecer a voluntad, de tener gente a su mando, de ser diestro en el manejo de las armas, sólo quedaba la imagen de un sujeto que durante días no dejaba la parranda, la droga y la violencia".

Más de un año tuvieron autoridades militares y civiles, con *el Fantasma* en sus manos, para obtener información sensible de este ex militar tan cercano al capo sinaloense, con la voluntad y las lealtades debilitadas a causa de vicios arraigados. Se estaba volviendo loco y, por supuesto, era descuidado, peligroso y desechable. En cambio, *el Chapo* depositó tanta confianza en el recomendado del *Fantasma*, que Hoo Ramírez terminó siendo el encargado de entregar dinero en efectivo para la manutención de todas las ex esposas y los hijos del capo sinaloense.

Cuando Serafín Zambada Ortiz, hijo del *Mayo*, fue atrapado, en noviembre de 2013, cruzando la frontera de Nogales, Sonora, hacia Nogales, Arizona, el asunto no fue casual, pues su abogado reveló que antes se había desarrollado un largo y complejo seguimiento, con más de 100 escuchas telefónicas.

Con estas capturas y con el arresto de Rodrigo Aréchiga, *el Chino Ántrax*, en el aeropuerto Schipol de Ámsterdam, Países Bajos, en diciembre de 2013, había demasiados avisos y suficientes pistas que conducían a establecer un cerco en el entorno más próximo a Guzmán Loera y que él minimizó. "Creo que fue posible penetrar su círculo, hacer que gente de su organización cooperara", declaró el legislador Michael McCaul, presidente de la Comisión de Seguridad Nacional de la Cámara de Representantes de Estados Unidos, después de hablar con funcionarios del gobierno de Obama.

También cuando fue capturado en Puebla, el 12 de febrero de 2014, unos 10 días antes de la recaptura de Guzmán Loera (aunque debo decir que he escuchado a muy respetables comandantes federales sostener que todo fue absolutamente casual, un golpe de suerte), Daniel Fernández Domínguez, alias *el Pelacas*, traía 20 celulares que habrían dado pistas importantes para ubicar otros teléfonos móviles en Sinaloa y Baja California. El famoso cruce de llamadas a la antigüita, pues.

Otra vez el pobre agricultor

"Secretario particular" de Joaquín Archivaldo Guzmán Loera. Así se identificó y se autonombró Carlos Manuel Hoo Ramírez ante el agente del Ministerio Público en la averiguación previa AP/PGR/SEIDO/UEIDCS/069/2014. Ni siquiera era el experto en comunicaciones del jefe traficante, como se había dicho en un principio. Reveló mucho más detalles que *el Chapo* Guzmán, quien se mostró sobrio e introvertido, sin salirse del guión por él prestablecido ese domingo 23 de febrero en los juzgados del penal del Altiplano, en Almoloya, Estado de México.

Uno y otro declararon el mismo día. Contra la verborrea cuasi delatora de su guardaespaldas Hoo Ramírez, Joaquín *el Chapo* Guzmán mostró un talante moderado, reservándose toda la información que hipotéticamente podría ser inconveniente o que pudiera revertirse contra él.

Con el guión que pudo preparar durante los más de 13 años que permaneció prófugo de la justicia, *el Chapo* aseguró, en su primera declaración al Ministerio Público, que era un simple agricultor (la misma mentira que esgrimió cuando fue detenido en 2003 en la frontera entre Guatemala y México) y que sus ingresos eran de 20 000 pesos mensuales.

Con tal de ganar tiempo para su defensa —eran las 20:10 horas del 23 de febrero y esa misma noche había nombrado como abogado a Óscar Manuel Gómez Núñez—, *el Chapo* cometió un nuevo delito: falsedad en declaraciones.

Pese a que fue capturado, según la información oficial, junto a su joven esposa Emma Coronel Aispuro, *el Chapo* le dijo al ministerio público que estaba casado con Alejandrina Salazar (en realidad una de sus ex esposas) y que tenía cuatro hijos con ella: César, 33 años; [Alejandrina] Giselle, 31; Iván [Archivaldo], 28, y [Jesús] Alfredo, 27. (Eludió mencionar a otros siete vástagos, incluidas las mellizas Guzmán Coronel.)

El periódico *Excélsior* publicó las siete respuestas a otras tantas preguntas que le hizo la autoridad ministerial a Joaquín Archivaldo Guzmán Loera.

Lo que no publicó el diario, lo cual resulta insólito, es que el secretario del Ministerio Público le escribía algunas de las respuestas en media hoja de papel y se las ponía frente a los ojos para que *el Chapo* pudiera contestar lo que más convendría a sus intereses en el juicio que estaba por iniciársele. La irregularidad provocó la ira impotente del director del Centro de Investigaciones y Seguridad Nacional (Cisen), Eugenio Ímaz, quien exigía inútilmente que *el Chapo* fuese de retorno a su celda.

El capo informó ser hijo de Emilio Guzmán Bustillos y Consuelo Loera Pérez. Nombró a sus tres hermanos Emilio, Miguel Ángel y Aureliano (pero no así a varias de sus hermanas).

Guzmán aseguró haber terminado la primaria, que es agricultor y productor de maíz, sorgo, frijol y cártamo, pero "que no pertenece ni tiene ningún cártel". Admitió que ingiere bebidas alcohólicas, aunque de manera esporádica, y "que no fuma, no consume drogas ni tiene tatuajes".

El capo de la droga más famoso del mundo afirmó que no recordaba su número del teléfono celular y negó tener una cuenta de correo electrónico. Aunque reconoció que estuvo preso en el mismo penal donde era interrogado esa tarde (La Palma o El Altiplano, de donde después fue transferido a Puente Grande, Jalisco), solamente mencionó que por los delitos de asociación delictuosa y cohecho.

No presentó queja alguna por lesiones sufridas durante su captura y aceptó que recibió un buen trato y que fueron respetados sus derechos humanos. A la pregunta: "Que diga el declarante si conoce a alguna persona de la delincuencia organizada", el capo respondió: "No conozco a ninguna persona de la delincuencia organizada".

Este sencillo y hasta banal interrogatorio me recordó la primera declaración tomada a Mario Aburto Martínez en Tijuana, capturado como presunto autor material del asesinato de Luis Donaldo Colosio el 23 de marzo de 1994. Respondió simplemente con un "no" a las 17 preguntas que le formuló el agente del Ministerio Público, Jesús Romero Magaña, quien sería acribillado a las puertas de su domicilio el 17 de agosto de 1996. También fue asesinado, el 17 de abril de 1996, José Arturo Ochoa Palacios, quien fuera delegado de la PGR en Tijuana cuando ocurrió el asesinato del aspirante presidencial.

En la misma averiguación de la PGR en la que Guzmán Loera decía tener ingresos por 20 000 pesos mensuales como agricultor, su secretario Hoo Ramírez detallaba la nómina quincenal de 1.8 millones de pesos que le había encargado distribuir su jefe. A sus ex mujeres les entregaba 20 000 y 30 000 pesos cada 15 días, pero también había dinero para su mamá, doña Consuelo Loera, y para sus hermanos y otros familiares, hasta sumar esa cantidad millonaria. "Yo recibía pagos de 14 000 pesos a la quincena, aunque de aguinaldo mi jefe me dio 10 000 dólares."

Quién sabe cuánto tiempo vivirá para contarlo, pero Carlos Manuel Hoo Ramírez dio detalles sobre el *modus operandi* del Cártel de Sinaloa, que son razonablemente verosímiles si se atiende a los antecedentes conocidos por los analistas del tráfico de drogas en México y a lo que algunos periodistas hemos publicado: la mariguana se envía por ferrocarril desde Culiacán hasta Cananea y luego a Nogales, en Sonora. De allí se hace pasar a Nogales, Arizona, por medio de "mulas", así llamadas las personas que cargan la droga para cruzar la frontera. (No lo dice Hoo en sus declaraciones, pero también la goma de opio y las drogas sintéticas siguen esas rutas para llegar al mercado estadounidense.)

En una especie de apretada síntesis, Hoo detalló que las armas llegan a Culiacán y allí se comercian; las bazucas provienen de Colombia; la cocaína se compra en Guayaquil, Ecuador (después de varios golpes que los gobiernos de Colombia y Estados Unidos asestaron al Cártel de Sinaloa); los aviones primero bajan en Chiapas, recargan combustible y van hacia Culiacán. Hay aeronaves para trasegar droga hacia Agua Prieta y Nogales. Desde Ecuador hay otra ruta a Jalisco y de allí a Mazatlán.

Hoo Ramírez exhibió sospechosa desmemoria cuando dijo no saber nada de Juan José Esparragoza Moreno, alias *el Azul*, un capo de la importancia del *Chapo* y del *Mayo*, aunque se atrevió a vaticinar posibles enfrentamientos entre *el Lic* Dámaso López Núñez y *el Negro Bravo* Manuel Alejandro Aponte Gómez por sospechas de que el primero habría traicionado a su jefe. El único que podía arreglar las cosas para que la sangre no llegara al río era Ismael *el Mayo* Zambada, según este "secretario".

Aunque de refilón Hoo Ramírez menciona a los Salazar como amigos del *Chapo*, en realidad está hablando de Adán Salazar Zamorano (ahora preso), quien era encargado del tráfico de drogas a través de Sonora. Esta ruta, quizás la más productiva para el comercio ilegal de estupefacientes hacia la Unión Americana, quiso ser controlada por los Beltrán Leyva, por lo cual derivaron asesinatos, entregas y delaciones que provocaron una de las más sangrientas rupturas del Cártel de Sinaloa.

Así aludía a esa pugna quien esto escribe, a principios de 2010:

> Hacia 2005 y 2006 ya eran cientos, quizás miles, los traficantes reclutados y formados por Adán Salazar, a los que les ganó la ambición. Adiestrados en el trasiego de las cargas, conocedores de las rutas y de los puntos de cruce y relacionados con los compradores de Arizona, les resultaba fácil declarar la guerra a su jefe, más cuando eran alentados por los Beltrán Leyva y acicateados por la idea de hacer el negocio por su cuenta, sin tener que rendir pleitesía ni pedir permiso al viejo Adán. Esta tránsfuga de traficantes fue un goteo incesante, una labor de hormiga. Precisamente eso significa "Mochomo" (como se apodaba a Alfredo Beltrán Leyva): una hormiga de las prietas, no de las rojas.

La "inteligencia" previa

El 19 de enero de 2014, justo en el decimotercer aniversario de la evasión del *Chapo* del penal de Puente Grande, se filtraron datos de un informe actualizado sobre el capo en el que se aportaban datos de sus escondites y de sus "siete matrimonios", así como de los hijos producto de esas uniones. Los tres "talones de Aquiles" del capo, según el análisis de los servicio de inteligencia mexicanos, habrían sido su debilidad por las mujeres, su gusto por las comodidades y el maltrato a sus operadores de base.

Faltaban 34 días para que cayera en manos de la Marina mexicana y de sus asesores de la DEA. Con gran oportunidad, el diario *Reforma* tuvo acceso a un documento oficial que dibuja el perfil del narcotraficante y habla de los esfuerzos para recapturarlo, "desde rastrear a sus familias, socios, amigos y mandos que lo protegen", hasta obtener datos biográficos de 22 familiares, 21 colaboradores y 27 personajes "que le dan protección institucional". Se analizaba a siete parejas sentimentales del *Chapo* y a sus respectivos hijos (podrían ser varios más de los 11 conocidos).

Inteligencia federal posee además bancos de voces, bases de datos con información de tiendas departamentales y empresas de televisión e internet satelital (a través de las cuales localizar al traficante), además de haber comisionado a un grupo aeromóvil de la Fuerza de Tarea Sierra Madre con el fin de rastrear al líder del Cártel de Sinaloa en el denominado Triángulo Dorado (Chihuahua, Durango, Sinaloa). A pesar de todos los esfuerzos, Guzmán Loera parece contar con la suficiente contrainteligencia para burlar estas estrategias y los operativos de las fuerzas federales para detenerlo.

Para las autoridades que elaboraron el informe, durante más de 10 años *el Chapo* había permanecido oculto en zonas de difícil acceso, en seis puntos de Sinaloa (Santa Rita de Abajo, Tahayana, El Aguajito, Tameapa, Rancho El Roble y La Tuna, sitio este último donde nació) y en 12 localidades de Durango, entre ellas El Durazno, Mesa de San Juan, El Plátano y Tamazula, aunque el arzobispo Héctor González había dicho que "todo mundo sabe que vive en La Angostura". También fue visto en Culiacán, capital de Sinaloa, y en Los Cabos, Baja California Sur, de donde logró escapar por algunos minutos el 21 de febrero de 2012, pues estuvo en el fraccionamiento Punta Ballena, donde fueron capturados su piloto Ángel López Urías, su secretario Mario Hinojosa Villegas, su cocinera María Luisa Macías Amarillas y una supuesta amante de Guzmán Loera, a quien se identificó como Agustina Cabanillas.

En coincidencia con lo que afirmo al principio de este libro, agentes encubiertos vigilaron "los pasos de Emma Coronel Aispuro, la actual esposa del narcotraficante; los de Alejandrina Guzmán Salazar, su hija, y los de su nuera Frida Muñoz Román, viuda de Édgar Guzmán López" (el joven hijo del *Chapo,* asesinado el 8 de mayo de 2008 en Culiacán), mujeres con las que se sabía el hombre estaba en contacto frecuente.

De acuerdo con ese perfil, *el Chapo* padecía diabetes y una cardiopatía que lo obligó a internarse en un hospital de Jalisco, en diciembre de 2013, según se retoma el dato de una versión de la agencia antidrogas de Estados Unidos (DEA), citada en el documento oficial.

En cambio, los exámenes médicos cuando ingresó al penal de alta seguridad del Altiplano contradirían estas versiones, pues se le halló muy sano, según información confiable.

Los informes que logré rescatar desde la cárcel, de una fuente indubitable, indican que *el Chapo* conservaba un excelente apetito cuando casi cumplía dos meses de reclusión y se mantenía con un carácter sereno, lejos del autoritarismo, la prepotencia y el mal humor que se le atribuyen. Tampoco se le había manifestado alguna crisis provocada por la abstinencia de drogas y de alcohol, me aseguraron.

Guzmán Loera ha preferido mantenerse la mayor parte del tiempo en su encierro tras los barrotes (aunque cuenta con libertad de movimiento hacia patios y pasillos durante los horarios permitidos). Se le ubicó en una celda al final de un pasillo, de manera que sólo cuente con un reo como vecino y de ese modo esté preservado de un eventual atentado, pues abundan prisioneros que podrían ser sus enemigos mortales. Y existe, por añadidura, el antecedente de que Arturo *el Pollo* Guzmán Loera, su hermano, fue asesinado a balazos en ese mismo penal a finales de 2004, en su propia celda.

Si se pueden calificar como "privilegios", Guzmán Loera no ha pasado en El Altiplano por el usual procedimiento de que le sea rapada la cabeza, de estar totalmente desnudo durante semanas o de que se le hostigue con feroces mastines entrenados para amedrentar a los recién llegados. En sus primeros días de encierro le prestaron libros para que tuviera alguna distracción en su celda. No muy complicados: de aventuras y de superación personal.

Según testimonios de familiares de otros presos, pese a que Alejandrina aparece como su esposa en la declaración ante el Ministerio Público, quien había visitado al *Chapo* en prisión fue la joven Emma Coronel, junto con las mellizas María Joaquina y Emmaly, que son la adoración de su padre, quien no podía dejar de visitarlas más allá de dos semanas, por lo cual comenzó a vérsele con más frecuencia por Culiacán semanas antes de su arresto. Según la PGR, "ese giro en su vida, causado por el apego que tenía hacia sus hijas gemelas", lo hizo cometer errores de seguridad.

Me lo contaron mujeres airadas, que deben esperar varias horas en una larga fila para poder visitar a sus familiares, mientras que la joven ex reina de belleza y sus pequeñas pasaban directamente, sin hacer fila como las demás. Al resto de las visitas se les impide la compañía de menores de edad.

Para los reos peligrosos de reciente ingreso no hay visita conyugal durante los primeros seis meses. Y suele mantenérseles sin iluminación en sus celdas día y noche durante ese mismo lapso. Son métodos para quebrar la voluntad de cualquiera. Dichos "protocolos" no se aplicaron al *Chapo*, como hace algunos años tampoco se pusieron en práctica con el ingeniero Raúl Salinas de Gortari, por ejemplo.

Aunque sí consta el caso del ex gobernador Mario Villanueva Madrid, a quien todos vimos en un video humillado innecesariamente, o como cuando se le alzó la voz al capo Osiel Cárdenas Guillén para obligarlo a dar un par de pasos adelantándose a su fila. En ambas ocasiones estos reos aparecían con la cabeza rapada.

A propósito del apego a las mellizas, los marinos, soldados y policías federales (además de agentes encubiertos de la DEA y de la CIA, digo yo) que le seguían los pasos al *Chapo* se percataron de que comenzó a dejar de lado las camionetas blindadas y se trasladaba en vehículos nada ostentosos, como un Jetta y un Sentra. Así llegó a una de sus residencias en la colonia Libertadores, conectada con otra media docena de casas por el subsuelo, a través de la red de aguas pluviales.

Lo de las varias casas interconectadas por túneles me lo confiaron, a principios de 2010, personas que eran asiduas visitantes de la familia de Guzmán Loera. Me imaginé entonces escenas como de catacumbas donde secretamente oficiaban actos religiosos los primeros cristianos perseguidos por el Imperio romano. Pero no eran túneles construidos ex profeso, sino solamente extensiones y accesos en las residencias para aprovechar los ductos subterráneos ya existentes que despojan el agua de lluvia de la capital sinaloense.

Allí vivió *el Chapo* casi los últimos tres años, "en las casas que reventaron y donde lo único que hacíamos era rotarnos. Teníamos como cinco casas donde ocultarnos. Todas se encontraban conectadas con un sistema de escape subterráneo que incluía el drenaje", declaró ante la autoridad Hoo Ramírez.

Fue el propio Guzmán Loera quien se percató de que llegaban los marinos a la residencia de Culiacán donde se encontraba la madrugada del 17 de febrero:

Fue como a las tres de la mañana. Es una casa de dos pisos. Mi jefe se dio cuenta y abrió la tina (una tiña del baño, que era abatible y debajo de la cual comenzaba el túnel hacia el desagüe); salimos todos por el alcantarillado, lo que nos llevó al canal. Ahí buscamos la forma de llegar a la avenida, que fue por donde pasaron por nosotros para llevarnos a Mazatlán.

La Marina reveló que la puerta de acceso al túnel, bajo la tina, estaba reforzada con acero y el comando que seguía los pasos del *Chapo* tardó algo más de ocho minutos en forzarla. Esa vez el capo se volvió a escapar, pero los marinos de élite hallaron celulares, armas y otros objetos que los traficantes fueron dejando en el camino subterráneo, donde hay secciones que deben cruzarse prácticamente a gatas.

Si las situaciones son como las narró con tanto detalle Hoo Ramírez, apodado *el Cóndor*, entonces Rafael Caro Quintero, tres décadas después de su arresto, seguía gozando de un respeto y de una jerarquía entre los capos del narcotráfico, intacta desde los años ochenta del siglo anterior. Caro Quintero fue liberado en agosto de 2013 después de haber pasado 28 años en la cárcel, acusado de participar en el secuestro, tortura y muerte del agente de la DEA Enrique *Kiki* Camarena Salazar en 1985. Según narró el ex militar

Hoo Ramírez, *el Chapo*, acompañado por *el Bravo* Aponte y Guillermo Rivera *el Chaneque* (ambos ex soldados de élite), fueron a visitar y a saludar a Caro Quintero a un rancho cercano a Santiago de Los Caballeros, en Badiraguato.

Por una cuestión meramente generacional, *el Chapo* fue colaborador y subordinado de Caro Quintero. De hecho, era sicario junto con su compadre Héctor *el Güero* Palma Salazar, sin otra actividad relevante dentro de la organización criminal que entonces la PGR denominaba Cártel de Jalisco.

Caro Quintero, con un equipo de abogados eficiente y con la capacidad económica para "aceitar" el sistema de justicia, logró demostrar ante magistrados federales que hubo vicios de origen por juzgarlo en tribunales federales y no en locales, como ordenaban las leyes en 1985. Y logró su libertad con las armas del litigio.

Saviano cree que *el Mayo* delató al *Chapo*

Ya el escritor italiano Roberto Saviano, autor del mundialmente exitoso libro *Gomorra*, ejerció esa libertad de expresar, analizar y extraer conclusiones propias frente a las inverosímiles "verdades" oficiales: afirmó que fue Ismael *el Mayo* Zambada quien entregó a su viejo socio *el Chapo*.

"O lo entregó o no lo protegió más", aventuró en una entrevista a *Cadena Tres* y a *Excélsior TV* en el sótano de un hotel de Nueva York, según se difundió el lunes 10 de marzo de 2014 en México.

El escritor aludía al antecedente de un enfrentamiento verbal entre los dos capos de Sinaloa, que informantes le habrían revelado, cuando *el Mayo* planteó la necesidad de que ambos se retiraran para dejar paso a las nuevas generaciones. "Si no lo hacemos, si no les cedemos el control, ellos lo tomarán por su cuenta y riesgo... Si no te vas, habrá una guerra civil dentro de nuestra organización".

Antes de que Saviano diera esta entrevista, en abono a sus conclusiones sobre la delación, aporto mi cuota informativa: el mismo día que ocurrió la recaptura de Joaquín Guzmán Loera —sábado 22 de febrero—, dos de los hombres que más se precian en este país de conocer las entrañas del Cártel de Sinaloa, comandantes retirados que me piden preservar el anonimato, comentaron que desde finales de 2013 comenzó a hablarse del relevo generacional dentro de la organización más poderosa dedicada al tráfico de drogas, no sólo en México, sino en el mundo.

Junto con ellos, aventuremos el panorama de la sucesión, entre cuyos datos duros podríamos apuntar los siguientes:

1) Están los hijos del *Chapo*, Iván Archivaldo (con "v" lo escribe su propio padre, que fue bautizado con ese idéntico segundo nombre), además de Ovidio y Jesús Alfredo, ya señalados por el gobierno de Estados Unidos como activos participantes en las actividades ilícitas del Cártel de Sinaloa en una alerta en la que se incluyó a las ex esposas Alejandrina María Salazar Hernández (madre de Alejandrina Giselle, César, Iván Archivaldo, Jesús Alfredo y Claudette) y Griselda López Pérez (madre de Joaquín, Édgar, Ovidio y Griselda Guadalupe). Las mellizas de Emma Coronel completan los 11 hijos conocidos (cinco mujeres y seis varones) del capo sinaloense en tres matrimonios.

Édgar Guzmán tenía 22 años cuando fue rafagueado y muerto con varios de sus acompañantes en el estacionamiento de un centro comercial en Culiacán, el 8 de mayo de 2008. En la escena del crimen había más de 500 casquillos de AK-47.

Habían transcurrido casi cuatro meses desde que fue capturado Alfredo *el Mochomo* Beltrán Leyva. Sus hermanos Arturo, Héctor y Carlos siempre culparon al *Chapo* de haberlos traicionado y entregado a Alfredo al ejército en una especie de trueque para que liberaran a su hijo Iván Archivaldo.

En efecto, este hijo del *Chapo*, arrestado en 2005 en Zapopan junto con su prima Claudia Salazar Elenes, acusado de empleo de dinero de procedencia ilícita para la compra de su BMW, obtuvo la libertad absoluta en abril de 2008 y al mes siguiente Édgar fue acribillado. El magistrado que decidió la liberación del *Chapito* fue Jesús Guadalupe Luna Altamirano, pariente de una ministra de la Suprema Corte de Justicia de la Nación, después investigado sin consecuencias por "irregularidades" en el proceso.

Se hizo famoso un corrido compuesto y cantado por Lupillo Rivera —"10 de mayo sin rosas rojas"— en el que cuenta que la familia hizo llevar 50 000 rosas rojas a Culiacán para el sepelio de Édgar, compradas en los viveros de Villa Guerrero, Estado de México, de las cuales no había una sola flor similar para el Día de las Madres en Culiacán.

Cuando la PGR emitió 14 órdenes de aprehensión contra otros tantos parientes (ex esposas, hijos, cuñados, nueras, primos y hermanas) del *Chapo*, en junio de 1995, escribí que los delitos no son hereditarios, ni consanguíneos, ni se dan por herencia familiar o por ADN; que cada ciudadano "es responsable de sus propios actos y a la autoridad le toca comprobar los delitos por perseguir"; que inclusive las imputaciones contra *el Chapito* eran débiles, no estaban debidamente acreditadas y el joven podría obtener su libertad. Eso enfureció a Santiago Vasconcelos, quien se tomó la molestia de llamar a mi celular en tono de reclamo, asegurando que *el Chapito* era, además de narco, un asesino, pues habría liquidado a la joven estadounidense Kristen Deyel, de 20 años, en Guadalajara. "Pero no se ha hecho acusación formal por homicidio después de tanto tiempo que lo han mantenido arraigado", respondí. Le solicité los datos de esa imputación, que no aparecía en expedientes. Me citó al día siguiente y lo esperé por más de cuatro horas, pero jamás me aportó sus informaciones.

La realidad terminó por darme la razón cuando Iván Archivaldo fue exonerado en abril de 2008 y desde entonces sigue en libertad. Ese mismo 2008, el 4 de noviembre, cuando regresaba de San Luis Potosí en un Lear Jet 45 con el secretario de Gobernación Juan Camilo Mouriño, Santiago Vasconcelos perdió la vida al igual que toda la tripulación, los pasajeros y gente que pasaba por la zona de las Lomas de Chapultepec donde cayó la aeronave (16 decesos), en una tragedia que el gobierno investigó como accidente y que la opinión pública calificó como atentado.

Siempre se criticó el hecho de que fueran en una misma aeronave el encargado de la política del país y jefe del gabinete, amigo personal del presidente Felipe Calderón, acusado de multimillonarios negocios en Petróleos Mexicanos por tráfico de influencias, y el ex zar antidrogas que había encabezado muchas de las acciones oficiales contra la delincuencia organizada.

El error logístico se repetía el 22 de febrero de 2014, cuando varios funcionarios del más alto nivel se subían al mismo helicóptero después de presentar públicamente al sometido Joaquín Guzmán Loera.

2) Existen los hijos de Juan José Esparragoza, *el Azul* (entre ellos Juan José Esparragoza Monzón, ya de 42 años, casado con Gloria, hermana de los Beltrán Leyva), con quienes, al parecer, el capo con fama de ser el más inteligente, negociador y enemigo de la violencia extrema, no tiene una de las relaciones más tersas, pues son poco disciplinados, exhiben una vida de excesos en las redes sociales y el reclamo del papá es que sólo gastan la fortuna que otros producen arriesgando la vida todos los días. El resto serían Nadia Patricia, Brenda Guadalupe, Christian Iván y Juan Ignacio, todos con apellidos Esparragoza Gastélum. A la primera de ellas se le nombró, años atrás, compañera sentimental del que fuera gobernador de Morelos, el panista Sergio Estrada Cajigal, cuando la familia Esparragoza vivía sin ser molestada en Cuernavaca.

3) Está la numerosa descendencia del desaparecido Ignacio *Nacho* Coronel, quien habría sido abatido por el ejército en mayo de 2010, en Zapopan. Todas estas son historias familiares, pues las mafias mexicanas están conformadas de esa manera, con lazos consanguíneos y con ataduras religiosas, con círculos de amigos, padrinos y compadres incondicionales, lazos religiosos más fuertes quizás que los de sangre. Emma Coronel, la sobrina de *Nacho* Coronel, tenía 18 años cuando se casó con *el Chapo*, entonces de 51, que casi le triplicaba la edad. Su padre, Inés Coronel Barreras, tenía sólo 45 años cuando fue capturado por narcotráfico en complicidad con su yerno *el Chapo* el 30 de abril de 2013, en Agua Prieta Sonora, junto con su joven hijo, Inés Omar, hermano de Emma. Inés Coronel Barreras fue acusado de delitos contra la salud, en su modalidad de tráfico de drogas, cuando ya habían transcurrido tres meses desde que apareció en una "lista negra" del Departamento del Tesoro de Estados Unidos. Se atribuye a Coronel Barreras y a su hijo Inés Omar ser responsables de producir mariguana en la sierra de Durango, en el llamado Triángulo Dorado por su colindancia con Sinaloa y Chihuahua. Los detenidos también se encargaban de introducir mariguana a Arizona, Estados Unidos, principalmente por vía terrestre.

4) El hijo más conocido del *Mayo* es Vicente Zambada Niebla, *el Vicentillo*, capturado en México y extraditado a Estados Unidos, donde está preso, después de que reveló los acuerdos que la DEA habría hecho con el Cártel de Sinaloa de respetar inmunidad y libertad de operación de la organización en la medida en que ayudara a esa agencia antidrogas a atacar a los capos de otros grupos criminales. Se sabe que recibirá una sentencia benévola para recuperar pronto su libertad (nada inusual en Estados Unidos, donde están permitidos estos arreglos extrajudiciales). También se afirma que *el Vicentillo* habría contribuido con datos precisos, desgranados en los años recientes, para la recaptura de Guzmán Loera. Más adelante desmenuzaré el pacto que hizo *el Vicentillo* con Estados Unidos, mediante el cual aceptó que le quiten ¡más de 1 300 millones de dólares!

Otro hijo del *Mayo*, Serafín Zambada Ortiz, *el Sera*, fue capturado en Arizona, Estados Unidos, en noviembre de 2013, bajo cargos de tráfico de drogas y lavado de dinero, aunque en México —cosa nada extraña en un ambiente de impunidad institucionalizada— no enfrentaba orden de arresto. Le encantaba exhibir su riqueza, sus diversiones y sus lujos en redes sociales. Con él iba su esposa Yameli Torres, hija del *Ondeado* Manuel Torres, asesinado en Culiacán, en octubre de 2012, y sobrina del *JT*, Javier Torres, preso en la cárcel de alta seguridad de El Altiplano. Ella fue liberada, por no contar con acusaciones en contra, tal como ocurrió con Emma Coronel cuando *el Chapo* fue detenido en Mazatlán.

Reynaldo *el Rey* Zambada, hermano del *Mayo*, fue capturado en 2008 en la colonia Lindavista del Distrito Federal, gracias a la traición de un mando policial al que pagaba decenas de miles de dólares por protegerlo: Édgar Enrique Bayardo del Villar, quien no le avisó a tiempo (como era su corrupta obligación) de que la Policía Federal iba a capturarlo. Édgar era un individuo singular que recibía sueldo de la Policía Federal, de la agencia antidrogas de los Estados Unidos (la DEA), a la que pasaba información sensible de México, y terminó su vida como "testigo colaborador" de la PGR (50 000 pesos mensuales en este último encargo). Fue asesinado a balazos, a las 11 de la mañana del 30 de noviembre de 2009, en un concurrido café frente al parque de Pilares, en la colonia Del Valle. Era dueño de un par de residencias con valor superior a los cinco millones de pesos que habría pagado de contado, un Mercedes Benz, un BMW, una Cherokee blindada, obras de arte, joyas y menaje de casa que en conjunto tenían un valor de 28 millones de pesos, cuando su sueldo apenas rebasaba los 26 000 mensuales. Describió el *modus operandi* de Zambada en el aeropuerto de la ciudad de México, donde recibía cargas de cocaína a través de empresas con hangares propios, entre ellas Aviones, S. A. de C. V., AESA y otras cuyos helicópteros y aviones tenían acceso directo a las pistas, las cuales fingían que las aeronaves pertenecían al municipio de Ecatepec, Estado de México (de donde emergió el actual gobernador mexiquense Eruviel Ávila).

Jesús Zambada Reyes, hijo del *Rey* Zambada, ya no pudo participar en las grandes ligas de los herederos del

Cártel de Sinaloa. Tenía solamente 22 años cuando fue capturado y arraigado en una casa en Santa Úrsula Xitla, en Tlalpan, y aceptó acogerse al programa de "testigos colaboradores". La información oficial lo ubica suicidándose en el centro de arraigo con las agujetas de sus zapatos el festivo 20 de noviembre de 2008, unos 10 días antes del asesinato de Édgar Bayardo del Villar, en la colonia Del Valle.

Pero comandantes expertos, que en muchas décadas de trabajo han sido testigos de las maniobras más insólitas de los gobiernos de México y de Washington, mantienen la sospecha de que a Jesús se le dio por muerto en México para luego trasladarlo a Estados Unidos como testigo protegido, ya no de la PGR sino de la agencia antidrogas de aquel país, la DEA.

(No es la primera vez que estas transferencias ilegales bajo el agua, lejos de los reflectores mediáticos y absolutamente violatorias de cualquier tratado bilateral y de los códigos jurídicos de los dos países, ocurren entre México y Estados Unidos. Está el caso de Jesús Alberto Bayardo Robles, *el Gory*, entregado sin papeleo de por medio a Washington en un gesto que excede la amistad bilateral y las concesiones diplomáticas y que anula toda noción de soberanía mexicana. *El Gory* fue el primer detenido tras la balacera en la que murió acribillado el cardenal Juan Jesús Posadas Ocampo, a la entrada del aeropuerto de Guadalajara, el 24 de mayo de 1993. Jorge Carpizo y Julián Andrade Jardí reportan esta descomunal irregularidad en su libro

Asesinato de un cardenal, ganancia de pescadores, algo que confirma y acepta sin ambages uno de los operadores del tránsito ilegal, el ex subprocurador Samuel González. Pero nadie pagó consecuencias por esa ilegalidad. Carpizo y Andrade lamentan que "el poder y las manos del narcotráfico casi no tengan límite alguno. Ojalá que *El Gory* esté bien resguardado en la cárcel estadounidense; pero nosotros somos de las generaciones que creemos en la soberanía y en la dignidad nacionales. Este episodio del *Gory*, dado en préstamo a Estados Unidos por una corta temporada que ya se prolonga años, se nos atraganta; no lo acertamos a digerir: ¿qué opinaría usted si México le prestara a Mario Aburto a nuestro vecino país del norte y después se negara a regresarlo?")

El Pollo apodaban a Arturo, hermano del *Chapo*, quien fungió como uno de los líderes del Cártel de Sinaloa mientras su hermano estaba preso. Fue capturado en el Distrito Federal el 21 de septiembre de 2001, cuando ya *el Chapo* cumplía ocho meses de ser el fugitivo dizque más buscado en el país. Y en diciembre de 2004 José Ramírez Villanueva, un individuo preso por haber cometido algunos asaltos, fue obligado a disparar contra *el Pollo* con una pistola que nada tenía que hacer en un penal de alta seguridad. Se dijo que lo presionó Osiel Cárdenas Guillén, enemigo acérrimo del Cártel de Sinaloa. El asesinato no ocurrió en el juzgado ni en el locutorio, como se dijo oficialmente, sino en la celda acolchonada del *Pollo* Guzmán.

Un año después, en 2005, fue capturado por el ejército en Sinaloa otro hermano del *Chapo*, Miguel Ángel Guzmán Loera, apodado *el Mudo*, mientras estaba en la fiesta de 15 años de su hija. Acusado de tráfico aéreo de drogas y de dinero "en grandes cantidades", este fraternal socio del *Chapo* fue condenado a 13 años de prisión en 2008. Por lo tanto, en la cárcel de alta seguridad de La Palma habría ocurrido un encuentro entre hermanos este febrero de 2014.

No es de extrañar que las autoridades federales hubiesen detenido, en mayo de 2010, a la segunda esposa de Guzmán Loera, Griselda López, para interrogarla sobre los registros de depósitos en efectivo detectados en el sistema financiero, que eran muy superiores a sus actividades reportadas ante Hacienda. Agentes federales trasladaron a Griselda López al Distrito Federal y en menos de 24 horas, tras ser interrogada por un agente del Ministerio Público federal, fue liberada. La primera esposa del *Chapo*, Alejandrina, también fue obligada a declarar cuando visitaba a su hijo Iván Archivaldo en la ciudad de México.

5) Aparte de los herederos sanguíneos, comenzó a mencionarse a otros jóvenes, a *juniors* que se exhiben de manera asidua en las redes sociales aunque no sean familiares de los capos más relevantes, como es el caso del *Mini Lic* Dámaso López, cuyo padre era subdirector del penal de Puente Grande en Jalisco, encargado de la vigilancia durante los meses anteriores a la fuga del *Chapo* Guzmán. El padre,

Dámaso López Núñez, junto a su joven vástago, hoy es el principal operador financiero del cártel.

Ahijado del *Chapo*, *el Mini Lic* aún no cumplía 25 años pero se vanagloriaba en las redes sociales de tener mando sobre 20 000 sicarios, jóvenes armados que se hacen llamar "Los Ántrax" o "Grupo Ántrax" y "La Gente Nueva".

Dámaso hijo no suele usar su segundo apellido, pero es muy sugerente. Es López Caro y así lo revela un corrido que le compusieron Los Nuevos Rebeldes: "Dámaso López su nombre / Caro su otro apellido… Siempre mirando adelante / sin cometer ni un error/igualito que su padre / que orita ya es el patrón".

El joven intérprete Gerardo Ortiz, llamado "el nuevo ídolo de la plebada", le compuso otro corrido, llamado simplemente "Dámaso", con el cual ganó, el 22 de febrero de 2013, dos premios Lo Nuestro, de Univisión: Canción del Año y Artista Norteño del Año. Fue exactamente 12 meses antes de que el padrino de Dámaso, *el Chapo*, fuese recapturado por la Marina en los condominios Miramar de Mazatlán.

"Yo vivo pa' la gerencia / y a mi padrino respeto." En estas dos frases define el corrido al *Mini Lic*, administrador de empresas y operador, junto con su padre, de las finanzas del Cártel de Sinaloa.

Otro grupo, Los Hijos de Hernández, le canta al joven ántrax la faceta del dispendio y la diversión con sus amigos: "Paseando a los plebes / tomando cerveza / tomando Buchanan's / para festejar".

En efecto, al *Mini Lic*, de barba cerrada y cuidadosamente recortada, le encanta presumir (al igual que lo hace su padre) sus Ferrari, sus Porsche, sus Mercedes SL —mejor conocidos como "alas de gaviota"— y otros autos de lujo. Coloca fotos de jóvenes hermosas junto a él, se muestra embrazando un AK-47 bañado en oro, granadas de fragmentación al cinto, alteros de billetes verdes, animales exóticos como tigres blancos, y viste ropa de marcas famosas (Armani, Gucci, Versace), pero sobre todo playeras y chalecos con las siglas FED (Fuerzas Especiales de Dámaso), similar a aquellas FAA (Fuerzas Armadas de Arturo) que solía ostentar el mayor de los Beltrán Leyva, abatido en los condominios Altitude en Cuernavaca, el 16 de diciembre de 2009.

Una corte federal de Virginia, Estados Unidos, enderezó la primera acusación formal contra el presunto narcotraficante sinaloense Dámaso López Núñez, mejor conocido como *el Licenciado*, uno de los hombres más cercanos a Joaquín *el Chapo* Guzmán, según *El Blog del Narco*.

Citando al diario estadounidense *The Washington Times*, dice que un gran jurado colocó, desde el 23 de noviembre de 2012, varios cargos de conspiración para distribuir cocaína y para lavar dinero, que le habrían reportado a Dámaso López ganancias por más de 280 millones de dólares. Dámaso padre comenzó como policía judicial y luego transitó a jefe de vigilancia en los reclusorios de Villa Ayala, Morelos; en Matamoros, Tamaulipas; en La Palma, en Almoloya, Estado de México, y en oficinas centrales, hasta que fue nombrado subdirector de Seguridad y Custodia del penal de supuesta alta seguridad de Puente Grande, cuando era secretario de Gobernación su paisano Francisco Labastida Ochoa y las cárceles dependían de la Secretaría de Gobernación (ahora nuevamente es así, después de haber estado algunos años en la estructura de la Secretaría de Seguridad Púbica, nada menos que bajo el control de Genaro García Luna).

El 8 de marzo de 2013 la corte del distrito este de Virginia hizo pública la solicitud de captura contra el capo, oriundo de la sindicatura de Eldorado, al sur de Culiacán (un corrido en su honor, en alabanza a sus acciones, se llama así, "Eldorado", como su pueblo, y fue compuesto y dedicado por el Grupo Fernández).

Neil H. MacBride, fiscal del distrito; Mythili Raman, colaborador del fiscal general para la División Criminal, y Karl Colder, agente especial a cargo de la oficina de Washington de la DEA, anunciaron los cargos contra Dámaso López padre. De encontrársele culpable de los delitos que se le acusan, "López Núñez estaría enfrentándose a la pena máxima de cadena perpetua", informó el diario en su edición digital. De hecho, Dámaso López fue puesto en la lista negra del Departamento del Tesoro el pasado 9 de enero, junto con el padre de Emma Coronel Aispuro (la esposa del *Chapo* Guzmán), Inés Coronel Barreras.

Según la Oficina de Control de Bienes de Extranjeros (OFAC), del Departamento del Tesoro de Estados Unidos,

Dámaso López Núñez es un lugarteniente de Joaquín *el Chapo* Guzmán Loera. Es considerado uno de los más cercanos colaboradores financieros del capo originario de Badiraguato.

Después incluiría en sus listas a María Alejandrina Salazar y a Jesús Alfredo Guzmán Salazar (ex esposa e hijo de Guzmán Loera, respectivamente) como personas que hacen negocio con empresas de Estados Unidos usando dinero ilícito.

"Hoy es la sexta vez en el último año que la OFAC señala y expone a operadores de la organización del *Chapo* Guzmán", dijo el director de esa oficina, Adam J. Szubin. "Esta acción se basa en esfuerzos agresivos del Departamento del Tesoro, junto a sus socios de procuración de justicia, para fichar a individuos que facilitan las operaciones de narcotráfico del *Chapo* Guzmán y eventualmente desmantelar su organización, culpable de violencia inaudita.

Jesús Alfredo Guzmán Salazar, junto con su padre Joaquín *el Chapo* Guzmán Loera, fue acusado de múltiples cargos de narcotráfico por el tribunal del distrito norte de Illinois, en Estados Unidos, en agosto de 2009. Por su parte, María Alejandrina Salazar Hernández presta ayuda material en las actividades de narcotráfico de su ex esposo Guzmán Loera y en el Cártel de Sinaloa.

La OFAC ha designado a más de 1 100 empresas e individuos en el mundo que tienen vínculos con 97 cabecillas del narcotráfico desde junio de 2000. Las violaciones a la llamada Ley Kingpin pueden ser castigadas con multas hasta de un millón de dólares por cada violación y penas criminales aún más severas. Las condenas para los directivos de empresas pueden ser hasta de 30 años en prisión y multas hasta de 5 millones de dólares. Las sanciones para las empresas pueden alcanzar los 10 millones de dólares.

Dámaso López Núñez y Dámaso López Caro se han convertido en los principales lugartenientes del Cártel de Sinaloa, responsable de la introducción de cargamentos de cientos de toneladas de narcóticos de México a Estados Unidos. Dice la nota del *Blog del Narco*:

> López Núñez, una semana antes de ser fichado por la OFAC, en enero, paradójicamente había sido absuelto de una orden de aprehensión girada en su contra por el juez primero de distrito de Procesos Penales con residencia en el Estado de México, en virtud de que fue relacionado por la PGR con el decomiso de más de cinco millones de pesos en 2008, cuando el ejército reventó una casa de seguridad a espaldas del edificio Central de la Universidad Autónoma de Sinaloa,

Por su parte, integrantes de la banda El Recodo dejaron de lado toda discreción durante un concierto en Eldorado, Sinaloa, y desgranaron un corrido que ensalza el mundo narco de Dámaso López Caro, "ahijado consentido" del *Chapo* Guzmán. El cantante conocido como "Charly" se la dirigía, a voz en cuello, a un celular que alguien le pasó durante el concierto en el zócalo de Eldorado, como si no hubiera público presente. Un videoaficionado captó la pieza y la subió a las redes. Decía, entre otras lindezas de apología sobre los éxitos del narco:

Armas largas con los tubos
Con pistola al cinto se le ve al muchacho
Su gente bien preparada pa'l peligro
Los valientes por Caníbal comandados
Para cotorrear el Mini jala grupos
Y muchachas todo el tiempo lo han rodeado

En mis ranchos muy a gusto me la paso
El Pantera todo el tiempo coordinando
El Lu se equipa y tengan mucho cuidado
Buen amigo, de respeto y aventado

Orgullo de mi nombre y apellido
A la orden Dámaso López me llamo.
La confianza de su padre se ha ganado
Con acciones fuertes y mucho trabajo

Porque el joven mueve lo que no imaginan
Su fortuna va creciendo y va pa' arriba
Él admira y respeta mucho a su padrino
De Joaquín Guzmán ahijado consentido

Respetamos a mi Nino [padrino] sobre todo
Respondemos y siempre lo apoyaremos
Jefes de equipo algunos son mis compadres
Es un bravo y siempre tengo su respaldo

Mi tío Pollo, hombre bravo y sanguinario,
Con el Tigre ya está todo reforzado
Tengo grandes amigos de mi confianza
Es el 15 clave y así le he apodado

El joven ahora es mi mano derecha
Se pone las pilas bien para el trabajo
No me falla y cuida bien mis intereses.
Rectifico: el joven es como mi hermano
Fin de semana nos vamos pa' la playa

En convoy de carros los vieron llegando
La banda tocaba ya "El muchacho alegre"
Pues el Mini se encontraba ya pisteando.
El Oso y el Javi son buenos amigos
Los Guzmán y el Recodo están sonando.

Roberto Saviano le dijo a *Excélsior* que *el Chapo* es como "el Steve Jobs del narco" y que lo soprendió mucho la forma como fue arrestado. "No he podido descifrarlo del todo: ¿fue traicionado?, ¿se entregó?... Me resulta muy extraño que *el Chapo* Guzmán cometiera una imprudencia como la que cometió… Al principio pensé que se habría dejado atrapar, que sabía que era la única forma de mantenerse con vida; pero de verdad me resulta extraño".

La sospecha de Saviano de que *el Mayo* Zambada pudo ser quien entregó a su ex socio, suena muy lógica si se sabe que Guzmán Loera tenía una bien ganada fama de "poner" o señalar a amigos y enemigos para que fueran liquidados o arrestados por el gobierno: Alfredo Beltrán Leyva, *el Mochomo* (detenido en enero de 2008 en Culiacán); Arturo Beltrán Leyva, *el Barbas* (ejecutado en Cuernavaca en diciembre de 2009); su hermano Carlos, arrestado a finales de 2009; Teodoro García Simental, *el Teo* (detenido en La Paz, Baja California, en enero de 2010), son algunos delatados por *el Chapo*.

Y también Guzmán Loera se encargaba de liquidar a varios enemigos más, como a Rodolfo Carrillo Fuentes, *el Niño de Oro*, hermano menor del desaparecido Amado Carrillo, *el Señor de los Cielos*, acribillado junto con su esposa Giovanna Quevedo en una plaza comercial de Culiacán, el 11 de septiembre de 2004, a las cuatro de la tarde.

En mi libro *El cártel incómodo. El fin de los Beltrán Leyva y la hegemonía del* Chapo *Guzmán* (Grijalbo, 2010), ofrezco pormenores de las diferencias que existen entre *el Mayo* Zambada y *el Chapo* Guzmán a propósito de los problemas que suscitaba Alfredo Beltrán Leyva, conocido como *el Mochomo*, en la ruta de las drogas que corría por todo el norte de Sonora hasta llegar a los dos Nogales, el mexicano y el de Arizona, Estados Unidos.

El Mochomo calentó la región, una ruta que solamente controlaba el Cártel de Sinaloa, sin interferencia de otras organizaciones criminales, y que estaba a cargo de don Adán Salazar Zamorano. Alfredo y sus hermanos no respetaban la autoridad del jefe Salazar, fiel aliado de los capos de Sinaloa. El hecho de que fuera combatido agresivamente por los Beltrán Leyva, aliados con otros insubordinados en la región, "era una contradicción que se presentaba como insalvable". Entonces se le pidió al *Mayo* Zambada que impusiera su autoridad sobre los Beltrán y que "llamara al orden, sobre todo al *Mochomo*, a quien *el Mayo* quería como a un hijo o a un hermano menor y por eso tenía gran ascendiente sobre él".

Aunque Alfredo fue llamado a cuentas, "como quien oye llover y no se moja, *el Mochomo* continuó con su empeño por apoderarse de la ruta, bloqueando las cercanías y los accesos a los túneles naturales y a los fabricados que corren de Nogales, Sonora, hacia Nogales, Arizona".

El hecho de que el operador fiel al Cártel de Sinaloa, Adán Salazar, estuviese siendo atacado por otros miembros insubordinados de la propia organización, generaba una pugna interna "que amenazaba con colapsar por parálisis el flujo de la droga de México hacia Estados Unidos por los rumbos del Sásabe, Navojoa, las sierras de Álamos y San Bernardo, al igual que por otros de esos caminos como Agua Prieta y Naco. Era urgente poner un remedio drástico". (Don Adán Salazar, originario de Chihuahua, a sus 70 años está preso luego de haber sido capturado en Querétaro. Al menos dos de sus hijos, Adán y Alfredo, se dedican al trasiego de drogas.)

De la disputa del corredor norte de Sonora vienen algunas de las divergencias más profundas entre los capos de Sinaloa. Así como se rompió con los Beltrán Leyva, hubo distanciamiento con los Carrillo Fuentes, en ambos casos por problemas que se habrían generado por la intransigencia de Guzmán Loera. (Pese a todo, Vicente Carrillo, *el Viceroy*, sigue siendo compadre de Ismael *el Mayo* Zambada y estos capos, hasta donde se puede saber, no han roto lanzas.)

El Mochomo estaba casado con Patricia Guzmán Núñez, hija de don Ernesto Guzmán Hidalgo, medio hermano de Emilio Guzmán Bustillos, el padre de Joaquín *el Chapo* Guzmán Loera. Es decir, eran cuñados.

"Se hacía imposible asesinar al *Mochomo* por sus lazos familiares con *el Chapo* y por la querencia que le dispensaba *el Mayo*. El acuerdo para hacerlo a un lado consistía en entregarlo a las autoridades, no en ejecutarlo", escribí hace cuatro años.

Pero también concluí que *el Chapo* Guzmán y sus socios nunca esperaron una reacción tan virulenta por parte de los Beltrán Leyva, quienes ya habían construido una estructura criminal conectada con cárteles colombianos y con otras fuentes de abastecimiento de cocaína desde Bolivia, Perú y Ecuador. "Los Beltrán habían sido los encargados de proseguir, e incluso de hacer aún más próspero, el tráfico de drogas hacia Estados Unidos, mientras su jefe (*el Chapo*) estaba preso."

Con lo dicho hasta aquí, por mis propias investigaciones no puedo descartar o poner en duda la posibilidad que sugiere Roberto Saviano de que Ismael *el Mayo* Zambada y su círculo hayan propiciado la recaptura del *Chapo* Guzmán.

EL VICENTILLO, INFORMANTE DE LA DEA

Lo que ahora cuenta y gravita más sobre la mesa son los acuerdos extrajudiciales de Jesús Vicente Zambada Niebla, *el Vicentillo*, convertido ya en testigo colaborador de la DEA y del Departamento de Justicia de Estados Unidos.

Fue hasta abril de 2014, ya con *el Chapo* en prisión, que el gobierno de Barack Obama reveló que el hijo del *Mayo* Zambada, de 39 años, había firmado un año antes un acuerdo para cooperar con las autoridades del país vecino a cambio de no recibir una cadena perpetua.

La negociación consiste en que *el Vicentillo*, también llamado *el Mayito*, esté unos 10 años en prisión y se resigne a que le incauten unos 1373 millones de dólares, dentro de una "declaratoria de culpabilidad" revelada en Illinois, el jueves 10 de abril de 2014 (firmada un año antes, el 4 de marzo), además de que continuaría como informante de la DEA, promesa que comenzó a cumplir en 2013.

El diario *El Financiero* puso en contexto la multimillonaria incautación anunciada contra *el Vicentillo*, cantidad algo mayor al monto que Grupo Soriana pagó por la cadena de supermercados Gigante en 2007, esto es, 1 350 millones de dólares. Y yo digo que también superior a la "megainversión" que la automotriz Ford anunció en abril de 2012 en Sonora: 1 370 millones de dólares, para generar mil empleos directos y 7 000 indirectos. El efecto favorable era, para los siguientes tres años, de un crecimiento de la economía estatal en tasas de 6 a 9 % anual. Y mucho más dinero, por supuesto, que el que la revista *Forbes* le atribuyó durante años a Joaquín *el Chapo* Guzmán Loera, es decir, "sólo" mil millones de dólares.

Volveremos sobre el tema, con detalles francamente novelescos de un par de gemelos acusadores, ocultos por la DEA en alguna prisión, tema clave para los decomisos de 21 cargamentos de droga y para que *el Vicentillo* no pudiera sino aceptar su culpabilidad. A los gemelos Margarito y Pedro y a su papá, también Margarito, se les ubicó y les decomisaron 2 000 millones de dólares en efectivo ocultos en las paredes de varios departamentos y casas en Chicago, Hinsdale, Plainfield y Palos Hills (diez veces más de lo oficialmente hallado en la residencia de Zhenli Ye Gon, en Lomas de Chapultepec, en la ciudad de México, que eran nada más 205 millones. Creo que nadie sospechaba aquí, ni de lejos, que *el Vicentillo*, a sus 39 años de edad, poseyera tal fortuna. Ni siquiera lo había rastreado *Forbes*, pero sí las agencias de inteligencia de Estados Unidos. ¿O se trata de dinero de todo el Cártel de Sinaloa, incluyendo el del *Mayo* y el del *Chapo*, y por esta vía se lo está apropiando Washington? Más adelante volveremos sobre este tema.

En la aceptación se especifica que *el Vicentillo* enfrentaría cargos por "posesión y distribución consciente" de más de 150 kilogramos de cocaína y de más de 30 kilos de heroína, como encargado de la parte logística y de mensajería del Cártel de Sinaloa, y responsable de distribución de droga en Estados Unidos.

Ojo: el documento oficial lo menciona como "el segundo de Joaquín *el Chapo* Guzmán Loera" y, a su vez, *el Vicentillo* acepta tener conocimiento de todos los movimientos de importación de cocaína a México desde Colombia y Panamá.

El acuerdo condiciona su conducta: solamente si continúa "cooperando con la verdad" con las autoridades de Estados Unidos, *el Vicentillo* logrará una sentencia mínima de 10 años y no será sometido a juicio.

Es decir que *el Vicentillo* ya ni siquiera será sujeto a un proceso, porque su caso quedó clasificado como de "seguridad nacional", pues en una corte se correría el riesgo de que las autoridades de Washington puedan ser obligadas a revelar acuerdos criminales de la DEA con grupos de narcotraficantes de México, e inclusive con militares, policías y políticos de nuestro país "que le sirven como informantes", publicó el 27 de febrero de 2014 el corresponsal de la revista *Proceso*,

J. Jesús Esquivel, quien haría nuevas revelaciones en un libro que anunció cuando era entrevistado por José Cárdenas en Radio Fórmula.

Después de cuatro años de haber sido extraditado a Estados Unidos por el gobierno mexicano (febrero de 2010, aunque fue capturado en 2009), ahora resulta que allá todo se arregla bajo el agua, fuera de las cortes judiciales, en un *toma y daca* con el cual la ley permite negociar a la DEA y a las instancias del Departamento de Justicia.

Esquivel escribió semanas antes del anuncio oficial:

"El juicio hubiera sido muy costoso para el Departamento de Justicia. Podrían haberse dado a conocer varios acuerdos entre las agencias federales (como la DEA) con el narcotráfico mexicano; es decir que en el juicio se corría el riesgo de tener que haber identificado los nombres de informantes en México, entre quienes hay narcotraficantes, militares, policías y políticos", enfatiza un funcionario del gobierno de Barack Obama.

Extraditado *el Vicentillo* a Estados Unidos el 18 de febrero de 2010, su caso lleva cuatro años sin definirse en la corte federal del distrito norte, con sede en Chicago, ante el juez Rubén Castillo, quien en un principio programó para el jueves 27 de febrero la audiencia en la que se anunciaría la fecha de inicio del juicio. "No se enjuiciará al *Vicentillo*", insiste la fuente. "Habrá juicio, pero sólo contra los hermanos Flores (Margarito y Pedro), los operadores del Cártel de Sinaloa en Chicago", acota.

Según la acusación original de la DEA ante las cortes federales de Chicago, se imputan ocho delitos al *Vicentillo*, incluyendo conspiración para el tráfico de drogas y lavado de dinero, calculando sus ganancias en unos 500 millones de dólares.

En las audiencias siempre pendió la espada de Damocles de un escándalo de proporciones mayúsculas, pues desde un principio los abogados de Zambada Niebla pedían su libertad a partir de que la DEA y el Cártel de Sinaloa habrían pactado un acuerdo de "inmunidad" para *el Vicentillo* y otros líderes mexicanos a cambio de que entregaran información cierta y frecuente sobre otros cárteles de la droga.

Aunque el Departamento de Justicia siempre negó ese acuerdo, ha actuado exactamente como si existiera y haciendo hasta lo imposible para evitar cualquier filtración que perjudique toda la relación bilateral y que ponga en duda la honorabilidad de los agentes estadounidenses actuando en el exterior.

"No hay que quitar la vista del abogado Humberto Loya Castro", me dijo un ex funcionario mexicano de alto nivel que lo conoce. Se trata del abogado del *Chapo* Guzmán para todo asunto en Estados Unidos. Loya habría sido exculpado de acusaciones de traficante, como ahora lo sería *el Vicentillo* y habría estado involucrado en los acuerdos a los que alude el hijo del *Mayo* con la DEA. Se afirma que Loya Castro fue quien convenció a Vicente Zambada Niebla de ser informante de la DEA a cambio de inmunidad. Lo que alegaba la defensa del *Vicentillo* era que no se estaba cumpliendo con lo pactado años antes.

Pero además se ventiló el hecho de que *el Vicentillo* habría sido detenido por militares mexicanos unas horas después de una de las reuniones que sostuvo con agentes de la DEA en el hotel Sheraton de la ciudad de México, el 18 de marzo de 2009.

Muchas revelaciones debió hacer durante el último año completo *el Vicentillo*, desde que el *cambalache* con las autoridades estadounidenses consistía en información cierta y verificable sobre las actividades nacionales e internacionales del Cártel de Sinaloa: descripción de casas de seguridad, rutas, tipos de armas, logística, finanzas, ubicación y movimientos habituales de los jefes, incluido Juan José Esparragoza Moreno, *el Azul*, y nombres claves en la estructura criminal. *El Vicentillo* tenía una posición privilegiada dentro del Cártel de Sinaloa: además de ser señalado por la DEA como "segundo del *Chapo* Guzmán", se describió a sí mismo como un "terrateniente de confianza" de su padre *el Mayo* y que actuaba como "representante y coordinador logístico de operaciones" de la organización.

Ya el joven Zambada Niebla era informante de la DEA cuando en Chicago Guzmán Loera fue declarado "enemigo público número uno", en febrero de 2013, como más de ocho décadas antes lo fue Al Capone.

En los documentos oficiales dados a conocer a la opinión pública, no se indica si la cooperación del *Vicentillo* incluyó datos específicos que pudieran haber conducido a la recaptura de Guzmán. Pero es lógico que no hubo una sola información que no fuera aprovechada por la DEA.

El procurador federal en el distrito norte de Illinois, Zachary T. Fardon, decía abiertamente que Vicente Zambada debía afrontar una sentencia de prisión perpetua, aún con la admisión de culpa, pues se trataba de un individuo del más alto nivel de los cárteles que fue responsable "de inundar Chicago de cocaína y heroína y cosechar las ganancias".

Pero en lo personal tengo una tercera hipótesis, que creo se apuntala y se refuerza conforme corren las semanas desde la reaprehensión del capo consentido de dos sexenios panistas.

Concluyo que no fue una recaptura, sino una entrega pactada, como las ocurridas en Colombia; entre ellas las de Pablo Escobar, líder del Cártel de Medellín (aunque después se evadió de la cárcel que él mismo había construido y finalmente fue liquidado violentamente), y la de los hermanos Miguel y Gilberto Rodríguez Orejuela, del Cártel de Cali, presos en Estados Unidos, mientras sus familiares viven multimillonarios, inmunes e impunes, sin ser tocados ni con el pétalo de una investigación desde Estados Unidos, tras aceptar la entrega de 287 propiedades en Colombia, Ecuador, Panamá, Bahamas, Estados Unidos, Perú, España y Costa Rica. En ese arreglo se incluían cuentas bancarias, dinero en efectivo y una cadena de farmacias para superar en total 2100 millones de dólares.

Más se fortalece esta hipótesis después de lo que ocurrió en la corte del distrito norte de Illinois, donde se decidió que no habría juicio contra *el Vicentillo*, pese a los esfuerzos de varios años del juez Rubén Castillo, nacido en Chicago e hijo de un migrante oaxaqueño, a quien por seguridad se le prohibió visitar México mientras tuviera a su cargo el proceso en contra de Zambada Niebla.

Allí se demostró que todo se puede negociar, incluso libertades o cárcel, sentencias a modo o cadenas perpetuas, todo al servicio de secrecías sobre pactos inconfesables de la DEA, la CIA, el FBI, Aduanas o cualesquiera otras agencias de la llamada "inteligencia" de la potencia —todavía— hegemónica en el mundo.

Si alguien pudo servir de intermediario para ofrecer esta salida de la entrega pactada para *el Chapo*, que incluye respeto a su fortuna (o a un buen porcentaje, como se verá que ocurrió en el caso de los hermanos Rodríguez Orejuela, quienes morirán en prisión dejando a salvo a sus familias), pero también inmunidad para sus mujeres y sus múltiples hijos, madre, hermanos, nueras y yernos, y otros consanguíneos, es el abogado Humberto Loya Castro, en quien Guzmán Loera continuó depositando su confianza durante los últimos años.

La dimensión de lo ofrecido por la DEA en este trueque tiene que haber sido algo descomunal. Muy grande también el beneficio geopolítico, el fortalecimiento de la relación bilateral, la posibilidad de fácil acceso de los intereses de Estados Unidos sobre recursos nacionales mexicanos en áreas estratégicas, incluida en esa negociación, por supuesto, la presencia y la actuación de agentes estadounidenses a quienes se les facilitó la tarea en el sexenio de Felipe Calderón, pero que hallaban dificultades para trabajar aquí en los primeros meses del redivivo poder priista durante todo 2013.

Hubo antes gestos específicos de buena voluntad por parte de los servicios de inteligencia de Estados Unidos que ofrecieron a la Marina-Armada de México la oportunidad de lucirse con la captura o el abatimiento de líderes de grupos criminales, como fueron los casos de Heriberto Lazcano, *el Lazca* (acribillado, aunque los marinos perdieron el cadáver del supuestamente abatido en el municipio de Progreso, Coahuila, el domingo 7 de octubre de 2012); del *Z-40* Miguel Ángel Treviño Morales, el lunes 15 de julio de 2013, sorprendido por un helicóptero en una brecha entre Tamaulipas y Coahuila, casi a las cuatro de la mañana, cuando viajaba sólo con un chofer, su contador y dos millones de dólares en efectivo, y la captura del suegro del *Chapo*, Inés Coronel Barreras, el 30 de abril de 2013.

El caso de Nazario Moreno, *el Chayo* o *el Más Loco*, teóricamente liquidado por marinos el 9 de marzo de 2014 en una serranía cercana a Tumbiscatío, Michoacán, es bastante más complicado y merece capítulo aparte. Baste recordar que el gobierno de Felipe Calderón, por informes de la entonces Policía Federal de Genaro García Luna y en voz de Alejandro Poiré, secretario del Consejo de Seguridad, presumió que lo habría abatido en diciembre de 2010, pero nunca mostró el cadáver. Tampoco lo hizo en 2014 el gobierno de Enrique Peña Nieto, pero al menos ofreció fotografías.

Sobre *el Lazca,* muchos siguen creyendo que nada ocurrió, pues el presunto cadáver fue dejado en una funeraria y luego habría sido sustraído por desconocidos.

Del *Z-40* todo pareció una entrega pactada, pues era difícil de creer que viajara cerca de las cuatro de la mañana en un camino de terracería "de tercer orden", como dijo el propio gobierno; que fuese sorprendido y frenado con una maniobra de un helicóptero y que enseguida llegaran por tierra los marinos para someterlo en unos matorrales "sin un solo disparo", aunque tenía fama de ser el capo de sicarios más violento, acusado de ordenar la ejecución de 265 migrantes, comer el corazón de sus víctimas y entrenar a niños y adolescentes para asesinar y traficar droga.

La detención del suegro del *Chapo* sí revistió tintes de mensaje de buena voluntad del gobierno de Estados Unidos hacia México, para que el gobierno de Peña Nieto consintiera que las agencias estadounidenses siguieran actuando con total libertad en México —como lo interpretó la revista *Proceso*— pero igualmente un guiño hacia el capo sinaloense de que ya se estaban acercando a su entorno más cercano.

En el operativo, en Agua Prieta, Sonora, participaron unos 250 elementos y un helicóptero. Apenas salía el sol cuando marinos, soldados y agentes federales se llevaron al papá de Emma Coronel Aispuro.

Los medios de comunicación tienen mucha responsabilidad en ofrecer datos que al final resultan falsos, sea porque creen a ciegas las versiones oficiales, sea porque conviene desviar la atención en temas relevantes para el país. La verdad es que falsamente se dieron a conocer las muertes violentas del *Fantasma* (dándole el nombre de Johathan Salas Avilés), mientras que el verdadero sujeto que lleva ese apodo fue capturado y preso hasta un año antes que *el Chapo*, un ex militar de nombre Marcelino Ticante Castro.

En esa ocasión (marzo de 2012) los periódicos mataron en falso no solamente al *Fantasma*, sino al también ex militar de élite Manuel Alejandro Aponte Gómez, apodado *el Bravo* o el *Negro Bravo*, a quien ubican liquidado a unos metros de una Cherokee blindada, blanca, placas VKN-7123, que estaban solamente sobrepuestas. Todo esto ocurrió en la sindicatura de Quilá, en Sinaloa, y ambas muertes fueron atribuidas a la marina. *El Bravo* fue otra vez ejecutado, pero el 8 de abril de 2014.

Carlos Manuel Hoo Ramírez *el Cóndor*, capturado junto con *el Chapo* Guzmán al amanecer del sábado 22 de febrero de 2014, contó al Ministerio Público Federal que fue compañero de armas del *Bravo* cuando ambos tomaron un curso de las Fuerzas Especiales del ejército mexicano. El domingo 23 de febrero describió ante la autoridad:

Mide como 1.50 [igual que *el Chapo*]. Es de tez morena, con cuerpo marcado. Usa siempre una gorra y lentes Praga [en lugar de Prada]. La gente del *Bravo* se coordina con los hijos del *Chapo*… fue quien nos recibió en Mazatlán. *El Popeye* es un encargado de las tiendas del *Bravo* que tiene como ayudante al *Gato*. Están de la Cruz a El Charco, en Mazatlán, y a veces en Culiacán. *El Bravo* les paga a los jefes de la policía municipal y también a la Ministerial. Mazatlán y San Ignacio Escuinapa son [plazas] del *Negro Bravo*.

Si en realidad estaba tan cerca de los hijos del *Chapo*, la muerte violenta del *Bravo* provocará ejecuciones en cascada, durante los próximos meses y años, entre operadores y mandos altos y medios del Cártel de Sinaloa.

Entrega pactada,
como en Colombia

¿Y si al final de la historia se trató de una entrega pactada cuyos detalles se revelarán dentro de algunos años?

Todo, en realidad, apunta hacia esta hipótesis, lo cual no elimina las ya exploradas tesis de posible geolocalización a través de chips implantados en seres humanos y tampoco la probable colaboración delatora de Ismael *el Mayo* Zambada, ya distanciado del *Chapo*, y de su hijo *el Vicentillo*, preso en Estados Unidos, o la franca traición dentro de las propias filas del *Chapo*.

De otro modo no encuentro explicaciones para que hayan transcurrido ya varios meses y el gobierno mexicano siga respetando íntegra la fortuna acumulada por el capo y que no haya una sola acción anunciada o ejecutada de extinción de dominio, alguna incautación, un allanamiento o un cateo, con o sin orden judicial, como sea, sorpresiva o anunciada con bombo y platillo, sobre alguno de sus ranchos, negocios abiertos al público, inmobiliarias y otras empresas.

Dicho en palabras directas: ¿dónde están los mil millones de dólares que la revista *Forbes* aseguró durante años que poseía Joaquín Guzmán Loera? ¿Continúan intactos los bienes, las decenas de empresas y las cuentas bancarias en las cuales se basó *Forbes* para colocar a Guzmán Loera entre los multimillonarios del mundo y entre los hombres con más poder global?

¿Acaso la labor del gobierno termina con la captura triunfal del personaje, pero quedan incólumes y operantes su fortuna, sus depósitos bancarios, sus empresas tan visibles que están en actas ministeriales y en listas elaboradas por Naciones Unidas en varios países? (Hasta 3500 en cuatro continentes, según el experto Edgardo Buscaglia). ¿Intacta igualmente su capacidad de operación para seguir recibiendo precursores químicos por puertos de la costa del Pacífico mexicano; inmunidad para sus ranchos, sus residencias, sus inmobiliarias?

Todo parece indicar que también se está garantizando la seguridad de sus tres familias conocidas (además de la jovencita Emma y sus mellizas, sus ex esposas Alejandrina Salazar Hernández y Griselda López Pérez, madres de otros nueve hijos mayores de edad del *Chapo*), que al parecer —por la lentitud y la ausencia de investigación de la autoridad— se quedarán con inimaginables cantidades de dinero, suficientes para una vida más que holgada de sus próximas 10 generaciones.

Circulan muchas versiones en un terreno movedizo en el que domina la falta de credibilidad en las verdades oficiales. Los mexicanos ponen en duda todo lo que su gobierno diga. Por eso durante las primeras horas corrió como reguero de pólvora la pregunta: ¿Y ese señor que presentaron realmente es *el Chapo*? Inclusive apareció la esposa de un personaje que habría sido presionado para participar en una "operación secreta" organizada por la autoridad. Según la esposa de Gregorio Chávez, elementos del Cisen visitaron a la familia en varias ocasiones ofreciéndoles dinero para que Gregorio aceptara la misteriosa propuesta. Ella comenzó a preocuparse semanas antes porque su esposo fue "secuestrado". La mujer se sorprendió cuando vio que el hombre presentado a los medios como *el Chapo* en realidad era su marido y pronto lo juró ante los medios de información. Según Odilón García, del *Diario de Tijuana*, "éste no sería el primer caso en que las autoridades mexicanas identifican falsamente a un reputado capo del narcotráfico. En junio del año pasado detuvieron a un hombre llamado Félix Beltrán y de igual manera lo acusaron de ser *el Chapo* Guzmán. Luego quedó demostrado que no tenía (ni la más remota) relación con el capo".

Volviendo a la fortuna de Guzmán Loera, que nadie parece investigar hasta ahora: los datos que se apuntan arriba no son irrelevantes: ¿adónde van a ir a parar los ingentes recursos detectados o inferidos por *Forbes*, que podrían ser localizados por los empleados públicos mexicanos que reciben altos salarios porque se les supone especialistas para ubicar el lavado de recursos financieros, con seguridad inmensamente más cuantiosos de lo que públicamente se admite?

Si nadie está sobre esa pista es porque se habría aceptado un trato mafioso entre Guzmán Loera y la DEA, en términos como los siguientes: "La seguridad de mi familia, la cual no será perseguida, y el disfrute de los bienes acumulados, a cambio de sacrificar mi libertad. Ofrezco también información relevante para que Washington pueda controlar y/o administrar el negocio de las drogas desde México para el mundo".

El asunto no es sinaloense, ni es sólo mexicano o latinoamericano, sino que implica a todo el mundo. Hay que mirarlo y analizarlo en un contexto de globalización.

No deja de extrañar que *Forbes* haya ignorado olímpicamente información sensible y muy relevante, publicada por *The Observer*, el semanario del periódico *The Guardian* de Londres, cuando ubicaba, cuatro años antes de la recaptura del *Chapo*, específicamente al Cártel de Sinaloa haciendo depósitos por unos ¡358 000 millones de dólares! en el Wachovia Bank durante varios años; que las transferencias se hacían desde casas de cambio ubicadas en México; que a través de esas cuentas se compraron aviones para una flota que trasegaba cocaína, varios de los cuales fueron decomisados: algunos en Colombia, otro en Ciudad del Carmen, Campeche, otro en Yucatán; que el gobierno de Estados Unidos investigó al banco y al final éste recibió una ridícula multa de 110 millones de dólares por no establecer controles y no haber detectado tantos depósitos irregulares.

Al final de la historia, Wachovia Bank ya ni siquiera existe. Fue absorbido por el gigante Wells Fargo. Y su participación en el blanqueo de capitales quedó tan oculta como las irregularidades detectadas en HSBC y en Bank of America, entre otros.

En diciembre de 2012 el banco británico HSBC aceptó su responsabilidad en el lavado de dinero (más de 7000 millones de dólares llegaron de los cárteles mexicanos de la droga) y acordó pagar una multa de 1900 millones de dólares. "Aceptamos la responsabilidad por nuestros pasados errores", declaró el ejecutivo del banco Stuart Gulliver y aseguró que "la institución actual dista mucho de la que entre 2007 y 2008 trasladó a Estados Unidos más de 7000 millones de dólares desde sus sucursales en México", según el despacho de Notimex el 11 de diciembre. Había controles muy laxos de los depósitos, entre ellos de las cuentas del empresario chino-mexicano Zhenli Ye Gon, a quien el gobierno incautó por lo menos 205 millones de dólares en efectivo que guardaba en su residencia de Lomas de Chapultepec. Agentes conectados con el caso hablan de una cantidad mucho mayor, además de lingotes de oro que desaparecieron.

Humberto Padgett publicó en *Sin Embargo* un extenso reportaje, cuya primera parte titula "Monex, ligado al caso de lavado de dinero en Wachovia [Bank], al caso [Tomás] Yarrington, a Zhenli Ye Gon y… al PRI".

Padgett es uno de los pocos periodistas mexicanos que dio importancia debida a las transacciones. Comienza diciendo que

existe una cifra que, tras leerla, parece un error. Pero no lo es. Una cifra que, tras entenderla, se convierte en adjetivo para comprender la capacidad de lavado de dinero del narcotráfico en sociedad con las casas de cambio —esos cuartos oscuros de paredes mal pintadas y un hombre aburrido detrás del vidrio antibalas—: 373 630 892 102 dólares, más del doble de las reservas internacionales del Banco de México, ahorro presumido por el gobierno mexicano como la fortaleza ante el vendaval que azota las finanzas internacionales.

Otra forma de decirlo: ¿recuerda usted la pila de billetes asegurados a Zhenli Ye Gon y luego exhibida por los funcionarios de Felipe Calderón como la confiscación más grande hecha en la historia del crimen organizado? Pues con los 373 mil millones de dólares se podría hacer una torre de la misma superficie, pero de 186 pisos. Todo se lavó en el mismo lugar, en Wachovia Bank, un caso al que se le prestó poca atención en México. Y Monex tiene que ver con ambos casos: con el empresario chino y con el banco.

La revista *Proceso* tradujo y publicó, el 1° de mayo de 2011, fragmentos de un largo reportaje de Ed Vulliamy, originalmente difundido en el semanario inglés *The Observer*.

El periodista comienza narrando el aterrizaje de un jet DC-9 en Ciudad del Carmen, Campeche, que transportaba 5.7 toneladas de cocaína con valor estimado en unos 100 millones de dólares, en 128 maletas colocadas en los asientos como si fueran pasajeros. Durante 22 meses la agencia antidrogas estadounidense (DEA) y otros entes gubernamentales investigaron y

afloró que los traficantes de cocaína habían comprado el avión con dinero lavado a través de uno de los mayores bancos de ese país, el Wachovia, hoy integrante del gigante Wells Fargo.

Las autoridades descubrieron miles de millones de dólares depositados en cuentas de Wachovia a través de transferencias bancarias, cheques de viajero y montos en efectivo tramitados por casas de cambio mexicanas. Wachovia fue puesto bajo investigación por no cumplir con un programa eficaz de control de lavado de dinero.

Pero lo más significativo era que el periodo de referencia de los movimientos se había iniciado en 2004, fecha que coincide con la primera escalada de violencia a lo largo de la frontera entre Estados Unidos y México, que luego detonaría las actuales guerras del narcotráfico.

No se levantaron cargos contra individuo o funcionario alguno en Estados Unidos, relacionados con el escándalo, sino solamente contra el banco y el caso jamás llegó a un juicio criminal. (Como tampoco habrá juicio para *el Vicentillo* en Chicago). En marzo de 2010 Wachovia hizo un pacto bajo la Ley de Secrecía Bancaria de Estados Unidos y "pagó a las autoridades federales 110 millones de dólares por permitir transacciones que luego se demostraron relacionadas con el tráfico de drogas, y recibió una multa de 50 millones de dólares por no monitorear el efectivo que se usó para transportar 22 toneladas de cocaína".

Dice *The Observer:*

Pero más escandaloso y más importante todavía es que Wachovia haya sido sancionado por no aplicar las disposiciones correctas contra el lavado de dinero a la transferencia de 378.4 mil millones de dólares [suma equivalente a un tercio del producto interno bruto de México de entonces] a las cuentas de las casas de cambio en México con las que el banco realizaba negocios.

El fiscal federal Jeffrey Sloman afirmó que "el flagrante desprecio de Wachovia hacia nuestras leyes bancarias le dio a los cárteles internacionales de la cocaína una virtual carta blanca para financiar sus operaciones". Lo peor es que la multa total "significó menos de 2% de los 12.3 mil millones de dólares en ganancias que el banco obtuvo en 2009".

La conclusión del reportaje sobre este caso es que se trata solamente de la punta de un iceberg que exhibe el papel del sistema bancario "legal" de Estados Unidos en el lavado de cientos de miles de millones de dólares, "dinero sucio del tráfico asesino de drogas de México y otras partes del mundo", a través de operaciones globales.

Martin Woods, británico, ex funcionario investigador de Wachovia, pese a haber recibido advertencias y amenazas, ubicó transferencias por 373.6 mil millones de dólares vía casas de cambio y otros 4.7 mil millones en efectivo depositados en sumas cuantiosas en cada ocasión y aceptadas por Wachovia Bank entre el 1° de mayo de 2004 y el 31 de mayo de 2007. El total, en efecto, es difícil de imaginar: 378.3 mil millones de dólares.

Frente a estos datos duros, irrefutables, del lavado de cantidades tan brutales que equivaldrían por lo menos a 10 años de ganancias de todo el tráfico de drogas de todos los cárteles de México, Washington no ha vuelto a decir una palabra. Y en México las autoridades se hicieron las desentendidas. *Forbes,* insisto, ni siquiera registró el dato.

Desde Naciones Unidas, el jefe de la Oficina para las Drogas y el Crimen, Antonio Maria Costa, revelaba cómo ya se tenía evidencia en la ONU de que el dinero procedente de actividades ilícitas era "el único capital de inversión líquido" del que disponían algunos bancos a punto del colapso. "Los créditos interbancarios fueron financiados con dinero derivado del tráfico de drogas [...] Hay indicios de que algunos bancos fueron rescatados de esta forma".

La historia del Wachovia Bank, "en el centro de una de las operaciones de lavado de dinero más grandes del mundo" (en la que el protagonista de los depósitos multimillonarios fue ni más ni menos que el Cártel de Sinaloa), es quizás la metáfora más acabada de cómo los capitales acumulados con sangre alimentan a los bancos y a las economías de varios continentes.

La verdad es bien sencilla, concluye el investigador Martin Woods, "un cuarentón oriundo de Liverpool", como lo describe el semanario: "Si no ves una correlación entre el lavado de dinero por parte de los bancos y las 30 mil personas asesinadas en México [era el dato ya escalofriante en la época], entonces no estás entendiendo nada".

Por todo lo anterior le asiste la razón al escritor Roberto Saviano cuando coloca a México en las grandes ligas de la economía internacional, mientras millones de sus habitantes viven en la miseria y padecen hambre.

Saviano afirmaba en marzo de 2014:

En el tema de la droga y de la economía mundial, México no es hoy algo periférico. Es el centro, el corazón pulsante del mundo.

Estoy convencido de una cosa: si Europa, si Estados Unidos y muchos otros países no se dan cuenta que deben empeñarse en contrarrestar los flujos financieros del narcotráfico, un solo país no podrá hacerlo solo. Lo digo claramente: ni México ni Italia por sí solos podrán conseguirlo. Tampoco lo lograrán España, Grecia o incluso Portugal. Todos estos países fueron invadidos por recursos criminales, cuando no por los cárteles mexicanos, por los rusos.

Me preocupa que de eso no se hable o se hable poco. Este tema debería ser un asunto de primerísimo interés para la autoridad, para la opinión pública común. Miles y miles deberían denunciar lo que está ocurriendo frente a ellos.

El exitoso autor de *Gomorra*, con 10 millones de ejemplares vendidos en decenas de idiomas, y ahora de *Cero, cero, cero*, ponía en su cuenta de Twitter los días 24 y 25 de febrero:

- *El Chapo* es el líder mundial del narcotráfico y (por tanto) es el líder de la economía italiana. Silogismo obvio.
- Para *el Chapo* los derechos están en contradicción con el mercado, por lo que se necesitan "territorios" sin leyes, sin derechos.
- *El Chapo* tiene la autoridad mística del papa, la autoridad de Obama y el genio de Steve Jobs.

EL CHAPO, GENIO DE LOS NEGOCIOS: EX DIRECTOR DEL CISEN

En la Feria del Libro de Guadalajara, en diciembre de 2013, durante la víspera de la presentación de su libro *Historia del narcotráfico en México*, el ex director del Centro de Investigaciones y Seguridad Nacional (Cisen), Guillermo Valdés Castellanos, concedió una larga entrevista al periodista Juan Diego Quesada, del diario *El País*, de España, en la que esencialmente le da su visión de la guerra de Calderón contra el tráfico de drogas. Como reza la propaganda de la propia edición: "Ningún testimonio sobre el narcotráfico en México se ha contado desde la trinchera y desde el momento más crítico de la seguridad nacional".

Hemos referido públicamente cómo Valdés era director de la encuestadora GEA-ISA en febrero de 2006, cuando esa empresa atribuyó un "empate técnico" entre el candidato de Acción Nacional, Felipe Calderón, y su adversario de la izquierda, Andrés Manuel López Obrador, quien hasta el mes anterior le llevaba 10 puntos de ventaja al panista. Ya como presidente, Calderón pagó la lealtad de Valdés nombrándolo director del organismo encargado del espionaje en el país, con lo que se continuó entregando en manos privadas los servicios de inteligencia del país. (Antes fue titular del Cisen Eduardo Medina Mora, cuyos antecedentes laborales también estaban ligados a la banca y a la empresa Televisa y cuya carrera ha ido en ascenso: titular de Seguridad Pública, procurador de la República y embajador en Londres primero y en Washington después.)

Reviste mucho interés reproducir aquí la visión y las respuestas que ese ex funcionario público, en su papel de escritor, daba sobre *el Chapo* 70 días antes de la recaptura, ese momento cumbre para el gobierno priista:

El gabinete de seguridad de Felipe Calderón (2006-2012) se reunía los martes. Ocho funcionarios de alto rango acordaban con el presidente la estrategia a seguir en la guerra contra los cárteles de la droga. A final de mes, cuando había que presentar un resumen de la situación que vivía el país, la reunión se prolongaba durante más de cinco horas y acababa sin abordar algunas cuestiones. Resultaba imposible procesar un problema de esa magnitud y de ese nivel de barbarie. La violencia había desbordado a México.

Uno de los hombres que se sentaba al lado del presidente en esa época era Guillermo Valdés, director del Cisen, el órgano de inteligencia mexicano entre 2007 y 2011. La entrevista se llevó a cabo en el hotel Hilton, frente a la Feria Internacional del Libro de Guadalajara, donde al día siguiente iba a presentar *Historia del narcotráfico en México*, una obra que ayuda a entender el origen de los cárteles y su deriva descontrolada en los últimos tiempos, cuando han logrado sembrar el terror a lo largo y ancho del país. Las preguntas se limitaron a temas relacionados con el narcotráfico desde los años ochenta hasta la fecha. "De otra manera no acabaríamos nunca", anticipó Valdés. El encuentro se prolongó durante una hora y cuarenta minutos.

Pregunta. El presidente Felipe Calderón centró todo su mandato en la guerra contra el narcotráfico. La violencia se disparó entonces hasta cotas nunca vistas. Se cuentan más de

70 000 muertos y 30 000 desaparecidos. ¿Por qué no funcionó su estrategia?

Respuesta. El problema venía de antes. Nos encontramos con una densidad criminal muy profunda. El crimen organizado era tremendamente poderoso. El Estado históricamente no le dio prioridad y los cárteles tuvieron varias décadas de expansión y fortalecimiento hasta llegar a este punto.

P. ¿No puede darme una respuesta concreta?

R. Es muy pronto para hacer una evaluación definitiva y justa, sobre todo cuando tienes ciclos de violencia tan grandes y salvajes. En México la violencia creció exponencialmente entre 2008 y 2011. Ahí alcanza su tope y empieza un proceso de decrecimiento. Si ese descenso continúa, se puede decir que pudo haber sido eficaz la estrategia.

P. ¿Por lo tanto sostiene que la estrategia de Calderón no fue el principal problema sino que se encontró con un panorama criminal al que nunca se había enfrentado otro presidente?

R. Así es. A Calderón le estalló un volcán. Tenemos cuatro guerras en curso entre cárteles cuando él llega. Este debate en el pasado sexenio estuvo muy politizado. Se trataba de buscar responsabilidades políticas y no de entender el problema.

P. ¿Existe una responsabilidad del gobierno en el descontrol de los narcotraficantes?

R. La hay, pero no es fundamental a la hora de contar 65 mil muertos [cifra oficial de la anterior administración]. Si la causa de la violencia fue que el gobierno entró a combatir a estos señores y estos señores le responden al Estado, tendríamos una violencia en la que habría muchísimos muertos por nuestra parte y no es el caso. En el análisis de cómo murió toda esa gente hay que destacar que 85% son ejecuciones. Gente que es secuestrada, llevada a una casa de seguridad y asesinada con un tiro de gracia. Sus cadáveres son expuestos, a veces con mensajes, y eso nos habla de que una organización ataca a otra. No es una guerra del narco contra el Estado.

P. ¿Por qué considera tan crucial en la historia del narcotráfico la salida del PRI del gobierno en 2000 después de 70 años en el poder?

R. Durante 30 o 35 años hubo esa especie de acuerdo tácito entre crimen organizado y Estado, y fue posible porque había un gobierno muy monolítico. Un presidente muy fuerte que controlaba a gobernadores, legisladores... Cuando esa estructura se descentraliza, todo cambia. Es muy difícil que ahora un presidente ordene a los 32 gobernadores y a los poderes Legislativo y Judicial: "Oigan, hice un pacto con los narcos, ¿me lo sostienen?" Es imposible.

P. Rafael Caro Quintero, del Cártel de Guadalajara, precedente del de Sinaloa, salió de la cárcel este año porque sus abogados buscaron un subterfugio legal. Ahora resulta que el fallo judicial estaba mal aplicado. ¿Realmente es posible que el gobierno no se entere de la liberación de un narcotraficante tan relevante?

R. La Suprema Corte dice que ese juez actuó mal al dejarlo libre. La especulación es que pudieron haberlo corrompido. Probablemente fue así.

P. ¿Qué probabilidades hay de que Caro Quintero se haya reintegrado al cártel?

R. Muy remotas. En todos los casos que he visto, cuando un capo es detenido sale de la organización. Si trata de regresar lo eliminan rapidísimo.

P. No fue el caso del *Chapo* Guzmán, actual líder del Cártel de Sinaloa, tras fugarse de la cárcel.

R. Es la excepción a la regla. Creo que *el Chapo* es una persona con una capacidad de liderazgo y visión estratégica que no tienen el resto de los narcos, y se lo reconocen.

P. Lo retrata en su libro como un líder, como el director general de una empresa cuya complejidad operativa es mayor que la de Amazon o UPS.

R. Es una persona muy inteligente, con una gran capacidad de escucha. Con mucha capacidad de seducir gente y además con una gran imaginación y creatividad empresarial. Es un genio de los negocios.

P. Si la violencia sólo es un asunto entre cárteles, ¿cómo explicarle eso al ciudadano que empieza a sufrir las consecuencias de esas guerras con el aumento de los secuestros, las extorsiones, los asesinatos?

R. Creo que en esta ola de violencia que se generaliza en 2008 el pueblo no ha sido objeto deliberado de las organizaciones del narco. Sí ha habido víctimas inocentes, pero al menos en la contabilidad que yo llevaba hasta 2011, apenas 1% de los homicidios eran de personas que no tenían nada que ver con el conflicto. El 1% son unos 600 del total, más o menos.

P. Tenemos el caso del Casino Royale en Monterrey [la muerte de 52 personas en una sala de apuestas]…

R. Sí, y las granadas en Michoacán el Día del Grito [ocho muertos y un centenar de heridos en la fiesta de la independencia de México] y las fosas de San Fernando. Pero a diferencia de la guerra que le declara Pablo Escobar al Estado colombiano, en la que un objetivo es crear víctimas civiles inocentes, lo que se conoce como narcoterrorismo, aquí no lo han hecho deliberadamente. Los únicos casos son el del casino y el de San Fernando, donde hay 196 muertos, pero ocurrió porque Los Zetas pensaban que eran sicarios de La Familia.

P. ¿Los militares mexicanos que desertaron para integrarse con Los Zetas habían sido entrenados por Estados Unidos?

R. Eran fuerzas de élite pero no puedo asegurarle que recibieran entrenamiento al otro lado. Esa pregunta sólo la puede responder alguien del ejército. Y no creo que lo hagan. Lo que sí es cierto es que ellos cambian la genética de la violencia en el país. La muerte está en el ADN de las organizaciones, pero ellos la llevan a otro nivel.

P. ¿Los Zetas son los primeros en diversificar la actividad criminal y, por tanto, los primeros en atacar a la población directamente?

R. Con ellos hay un proceso de militarización definitivo a partir de 2000-2001, que se combina con el fin de la prohibición en Estados Unidos de la venta de armas de alto calibre en 2004. Fluyen miles de armas a nuestro país. Con Los

Zetas llega una violencia mucho más salvaje. Eran asalariados del Golfo pero en algún momento tuvieron que negociar con sus patrones, Osiel Cárdenas (*el Mata Amigos*) y compañía, para tener más protagonismo. En Michoacán es la primera región donde empiezan a generalizarse tres negocios: el consumo de drogas interno, es decir, la venta de meta; la venta de protección al modo siciliano; y el secuestro.

P. ¿Qué sentimientos tenía usted al llegar a su despacho y recibir informes con asuntos de seguridad tan complejos?

R. Sientes una impotencia muy grande. Tú al frente de un Estado débil, muy lento, muy burocrático; te llega la desesperación, pero no porque no sepas cómo solucionar el problema. Más bien no tienes las herramientas para atajarlo. Modificar cualquier estrategia te lleva meses. Tienes incendios aquí y allá, y tienes que actuar. Acabas movilizando al ejército.

P. ¿Usted estaba de acuerdo en sacar a unos militares a la calle que no estaban preparados y que acabaron cometiendo grandes delitos contra los derechos humanos?

R. No, pero no había alternativa.

EL CHAPO VIVE EN ESTADOS UNIDOS: FELIPE CALDERÓN

La cloaca internacional del lavado de dinero del narco mexicano en la banca estadounidense se destapó periodísticamente en 2011. Y ese año también nacieron las niñas gemelas de Joaquín *el Chapo* Guzmán Loera. Del primer tema, que involucraba capitales por un equivalente a casi un tercio del PIB mexicano, el entonces presidente Felipe Calderón no pronunció comentario alguno.

En cambio, el mandatario exhibió ignorancia supina, o perverso e informado encubrimiento, cuando se enteró de que la esposa del *Chapo* había dado a luz a un par de gemelas en California. Afirmó en automático que el capo sinaloense estaba en territorio de Estados Unidos, "donde vive tranquilamente" junto con su esposa. En declaraciones a *The New York Times*, Calderón se refirió al tema en una entrevista que generó polémica por el manejo de las declaraciones que el diario estadounidense hizo sobre supuestas afirmaciones acerca de pactos del PRI con el narco.

El presidente Felipe Calderón afirmó temerariamente (tanto, que la realidad lo desmintió dos años después) que Joaquín *el Chapo* Guzmán no estaba en México e indicó que suponía que se encontraba en territorio de Estados Unidos, donde su esposa había dado a luz a dos niñas gemelas, en agosto, de acuerdo con la transcripción íntegra de una entrevista que publicó (en español, para que no hubiera dudas) *The New York Times*.

Sugirió que si *el Chapo* Guzmán estuvo en Los Ángeles, habría que preguntar a las autoridades estadounidenses de Aduanas, pues "lo sorprendente es que él y su esposa están tan tranquilos en Estados Unidos".

A continuación, el extracto de la entrevista publicada en la página de internet del rotativo donde Calderón se refiere al Chapo Guzmán:

The New York Times: ¿Por qué es tan difícil capturarlo [al *Chapo* Guzmán] y por qué su libertad ha sido una de las cosas más frustrantes para usted? Y también, bueno, la noticia de su esposa que dio a luz en Estados Unidos y pudo viajar a Estados Unidos y regresar. ¿Hubo un intento de reclutarla, de detenerla para cuestionarla dónde está su esposo?

Felipe Calderón Hinojosa. Pues eso habría que preguntárselo a las autoridades aduanales americanas.

Porque la aduana que tienen que cruzar para ir a Los Ángeles es la de Estados Unidos, no la de México. Y si *el Chapo* estuvo en Los Ángeles, yo me pregunto: ¿los americanos por qué no lo atraparon?

No sé si estuvo en Los Ángeles, pero son preguntas para mí [*sic*]. Si la señora hubiera dado a luz en el Hospital Ángeles o en uno de [inaudible, tal vez dijo del Seguro Social], pues es otra cosa.

NYT: Pero tuvo que viajar en territorio mexicano para llegar a Los Ángeles.

FCH: No está en territorio mexicano. Y supongo que *el Chapo* está en territorio americano. Aquí lo sorprendente es que él y su esposa están tan tranquilos en Estados Unidos, lo cual me lleva a preguntarme, bueno: ¿cuántas familias o cuántos capos mexicanos estarán más tranquilos en el lado norte de la frontera que en el lado sur? ¿Qué lleva al *Chapo* Guzmán a tener su familia en Estados Unidos?

NYT: ¿Ha sido lo más frustrante para usted lo de [...]?

FCH: No, para nada. No, en primer lugar porque yo no soy amigo de la idea, ni de las frustraciones ni de las angustias; son palabras que yo hace rato quiero erradicar de mi léxico. Lo más doloroso para mí, de todo esto más bien, ha sido la violencia y las víctimas; ésa es la parte más triste. *El Chapo*, como otros líderes, Los Zetas, Lazcano [inaudible], *el Z-40*, etcétera, es gente que está muy protegida y gente que tiene redes de cobertura muy complejas. En el caso concreto del *Chapo* sospechamos que tiene, además, un área de influencia que es la Sierra Madre Occidental, entre los estados de Chihuahua, Durango y Sinaloa, que le permite una gran movilidad pues ante cualquier operativo que hacemos para capturarlo él tiene manera de detectarlo a decenas de kilómetros de distancia, a horas de distancia.

Concretamente, el ejército mexicano ha llegado, en mi gobierno, probablemente unas dos veces, al sitio en que horas antes estuvo *el Chapo*. Pero tarde o temprano caerán él y otros líderes. Ahora el punto, insisto, no son los líderes, aunque tenemos que capturarlos y es parte de la tarea. Insisto en tres ejes: primero, neutralizar a todos los criminales, y con esto quiero decir a todos; segundo, construir nuevas instituciones, y tercero, reconstruir el tejido social. [Ojo: ni media palabra sobre acabar con su andamiaje financiero.]

NYT: Una más del *Chapo* Guzmán. ¿Lo quiere vivo o muerto?

FCH: Yo francamente no le deseo la muerte a nadie. Pero para mí sí es importante que cualquiera que esté atentando contra los mexicanos sea sometido con toda la fuerza de la ley. En la captura de muchos de estos criminales, o en la neutralización de muchos de ellos, algunos han sido capturados y otros han muerto resistiéndose a la captura, como Arturo Beltrán, pero eso no depende de lo que el gobierno quiera hacer. Nosotros, por ley, por política, no buscamos la muerte de nadie, sino cumplir con la ley y con la justicia. Si alguien se resiste al arresto, si alguien decide combatir en el momento de su captura, es una decisión que tiene consecuencias.

LOS ARREGLOS DEL PRI CON EL NARCO

Calderón también se descosió frente a los enviados de *The New York Times* en otro tema. Tanto, que el entonces secretario de gobernación, Francisco Blake Mora, tuvo que salir a decir que se malinterpretaron las palabras del presidente. (Al mes siguiente, como es sabido, Blake moriría al caer su aeronave, como antes su predecesor Juan Camilo Mouriño y como antes Ramón Martín Huerta, en percances que nunca han sido esclarecidos, pues la información está "reservada por años".)

"¿El PRI tenía esa reputación?", le preguntan los periodistas, luego de que Felipe Calderón afirmara que en el viejo régimen político autoritario se pensaba que arreglándose con los criminales no pasaba nada.

Hay mucha gente en el PRI que piensa que los arreglos de antes funcionarían ahora. Ése es el caso del ex gobernador de Nuevo León, Sócrates Rizzo. Tiene unas declaraciones maravillosas: "Que nosotros nos arreglábamos con los criminales y no pasaba nada", dijo. Si eso lo pensaran aplicar hoy, el único arreglo posible es dejarles esta casa [Los Pinos] y la única decisión es si se la dejan al *Chapo* Guzmán o a Los Zetas, pero yo no veo qué arreglo puedan tener. Pero esa es la mentalidad que campea en muchos de ellos; no digo que en todos.

Y finalizaba así Calderón:

Si prevaleciera esa corriente de opinión, ahí sí me preocuparía. Si, en cambio, prevalece la corriente que piensa que la ley tiene qué cumplirse, que el Estado no puede transigir ni claudicar ante criminales y que... Vaya, yo creo que si a un ciudadano americano le digo que aquí en México todavía discutimos si el gobierno tiene qué combatir a los criminales, se sorprendería.

La ligereza de las afirmaciones del mandatario sólo podrían compararse con las que hizo quien fuera su secretario de Economía, Gerardo Ruiz Mateos, en París, en febrero de 2009, cuando sostuvo que si el gobierno de Calderón no hubiera emprendido acciones firmes contra la criminalidad, "el próximo presidente de México sería un narcotraficante".

En un desayuno con la comunidad mexicana en Francia, previo a una visita que haría a nuestro país el presidente Nicolás Sarkozy, reconoció que el narco había penetrado hasta las entrañas del país, creando "un Estado dentro del mismo Estado". En el tono que emplearía su propio jefe en diversas ocasiones, señaló que hay ciudades y municipios en México "donde [los traficantes] cobran impuestos, imponen la ley, imponen presidentes municipales, donde exigen derecho o bono de seguridad".

Mentía abiertamente cuando decía:

- Que la estrategia del gobierno era "pegarle al costo logístico, porque el narcotráfico es un negocio, en lugar de seguir tirando capos como se hacía anteriormente", pues era justo lo que su gobierno no hacía entonces, ni después, ni en la administración actual: tocar las finanzas de la criminalidad, arrancarle el poderío económico.

- Que el precio de la droga subió 70% en Estados Unidos, "porque hace falta oferta". (Nunca mermó el tráfico desde México ni los precios se dispararon como él citaba, sino que aumentó la producción de mariguana y de goma de opio extraída de intocados sembradíos de amapola durante el sexenio de Calderón; el papel que Washington le asignó a México, por vecindad y ausencia de soberanía, es el del seguro abastecedor de opiáceos y cannabis para los adictos estadounidenses.)

- Que la inseguridad y la violencia "se concentran únicamente en tres ciudades del país disputadas por los cárteles de la droga". (Se refería a las fronterizas con Estados Unidos: Ciudad Juárez, Tijuana y quizá Matamoros, e ignoraba la tragedia humana que ya entonces invadía al país entero.)

- Y que 75% de los asesinatos ocurría "por pleitos y venganzas entre pandillas". (¿El resto eran liquidados por el ejército y las policías? ¿O eran solamente daños colaterales, como solía decir su jefe?)

Un caso comparativo: Rodríguez Orejuela, 2100 millones de dólares

Ya eran unos sexagenarios cuando los hermanos colombianos Gilberto y Miguel Rodríguez Orejuela aceptaron someterse a la justicia de Estados Unidos, a cambio de respetar la integridad física y la libertad de sus familias; conservar para sus parientes algunos centenares de millones de dólares, y recibir una condena más leve, distinta de la amenaza de cadena perpetua que pendía ya sobre ellos.

Esto ocurría el 26 de septiembre de 2006, en Miami, como culminación de años de negociaciones a las que están acostumbradas las autoridades estadounidenses. El gobierno de Washington, por añadidura, se quedó en esta ocasión con unos 2100 millones de dólares en cuentas bancarias, en empresas y en propiedades inmobiliarias, en aviones y en vehículos blindados que aceptaron entregar los Rodríguez Orejuela, ex capos del Cártel de Cali, en casi una decena de países.

En el acuerdo, los narcotraficantes dijeron "estar dispuestos a entregar sus propiedades, excluyendo las casas y los departamentos de sus seres queridos, al igual que las empresas de manufactura y venta de productos farmacéuticos como [la cadena de farmacias] Drogas La Rebaja", leía el abogado defensor José Quiñón ante los medios.

Más allá de comprometerse meses antes a la entrega de su pariente William Rodríguez Abadía, hijo de Miguel, pusieron como condición que fuese procesado en Florida y no en Nueva York. Pero, además, que no se les obligase a ellos a delatar a ningún otro capo de las drogas de ninguna organización.

Se les cumplió también el deseo de que se retirasen todos los cargos criminales existentes en contra de sus familiares "y, en consecuencia, que se les borre de la Lista Clinton [de los más buscados] y se les permita el ingreso en territorio de Estados Unidos". Igual pidieron que fueran eximidas de acusaciones varias personas nombradas durante el proceso y que, en su opinión, nunca se habían involucrado en el negocio de las drogas ilícitas.

"Culpable, su señoría", repitieron cada uno de los hermanos cuando el juez Federico Moreno les preguntaba en voz alta cómo se declaraban frente a los cargos de conspiración de contrabando de droga hacia territorio de Estados Unidos.

El pacto de los Rodríguez Orejuela y las autoridades estadounidenses garantizaba que al menos 28 de sus familiares no serían perseguidos por autoridades de ninguno de los dos países, ni seis de ellos solicitados en extradición por el gobierno de Washington. Finalmente, los hermanos Gilberto *el Ajedrecista* y Miguel *el Señor* no lograron una rebaja suficiente como para salir vivos de la cárcel. Fueron 30 años de condena, que a sus más de 60 de edad equivalen a una cadena perpetua. Aun así aceptaron, pues se beneficiaba a los hijos, a las esposas, a los nietos y a la demás parentela que así quedaba liberada de cargos, persecución o extradición, reservándose además suficiente dinero para no tener que trabajar jamás.

El juez todavía le preguntó al *Ajedrecista* que si estaba seguro de que era culpable, y entonces Gilberto respondió: "Segurísimo, señoría… He aceptado todos los cargos: me someto a la justicia norteamericana".

William Rodríguez Abadía, hijo de Miguel, también negoció con el gobierno de Estados Unidos y fue sentenciado a 21 años de cárcel después de que acordó testificar en contra de su propio padre y de su tío Gilberto. Tuvo, además, que ceder derechos sobre más de 300 millones de dólares en activos en Colombia, Costa Rica, Estados Unidos, España, Ecuador y Perú, supuestamente obtenidos mediante tráfico de drogas. El convenio le permitió a su esposa, a sus dos hijos y a su suegra tener residencia permanente en territorio estadounidense e ingresar, de ser necesario, a un programa de testigos protegidos. Todo esto lo aceptaron, tanto el gobierno como el traficante.

Estamos todavía muy lejos de escuchar palabras como éstas en boca del *Chapo* Guzmán, cuyos arreglos hipotéticos estarían ocultos por un buen tiempo. No así aquéllos a los que llegó *el Vicentillo* y que ya comenzaron a ventilarse, como el de la fabulosa cantidad que aceptó se le incautara: 1378 millones de dólares.

Pero no todo es blanco y negro, aun con los acuerdos de inmunidad contra entrega de fortunas, de reducción de penas carcelarias contra delación hasta de los propios parientes; de renuncia a la libertad con tal de ver a salvo las libertades de los familiares y cantidades importantes de dinero.

Un mes después de iniciadas las negociaciones del pacto de los Rodríguez Orejuela, el diario *La Nación* publicó un reportaje de Dalia Rojas titulado "La jugada maestra del *Ajedrecista*", en el cual afirmaba que el ex zar de la droga estaba negociando con la justicia de Estados Unidos "delatar a 64 políticos colombianos vinculados al narcotráfico", por lo que la clase política de su país estaba prácticamente temblando. Los hermanos entregarían la información que poseían sobre corrupción política y narcotráfico.

Antes de viajar extraditado a Estados Unidos, *el Ajedrecista* había establecido sus propias condiciones a cambio de entregar la mayor parte de sus bienes: "Que nos den una cárcel de mediana seguridad y que se respete a nuestra familia sus derechos fundamentales, que no se limitan a sobrevivir de modo mínimo... sino que contemplan una vida con calidad y con dignidad, y que [hasta hoy] no se les ha querido dar".

En su libro *Historia del Cártel de Cali* el periodista Camilo Chaparro cuenta que los Rodríguez Orejuela lo primero que descartaron fue entregar información sobre otros traficantes. Gilberto se encargó de convencer a su hermano Miguel de elaborar un documento y llevarlo a Estados Unidos para negociar: "Como decía mi madre: para qué hablar con el caballo, si se puede hablar con el jinete". Y se dieron a la tarea de hacer la lista de políticos, periodistas, militares y demás personas que recibieron dinero del cártel. Junto a cada nombre, consignaron pruebas y testigos. Los Rodríguez tenían miles de videos y audios con grabaciones de intercepción telefónica, documentos y cheques que fueron acumulando durante 20 años de sobornos y corrupción. Varios millones sirvieron para colocar en la constitución nacional la no extradición de colombianos.

En el historial de los hermanos está el haberse puesto al servicio del gobierno para lograr abatir a su archienemigo Pablo Escobar, jefe del Cártel de Medellín. El periodista narra:

"No es que sólo ayudamos. Nosotros lo capturamos. Les dijimos: ahí está, en esa casa. Hay un aparato que se llama *direction finder*, que en ese momento (1993) no se conocía en Colombia; la policía no lo tenía, nosotros lo trajimos. Nosotros le desenrollamos los teléfonos, lo grabamos; tenemos más de 500 casetes del señor Pablo Escobar", le dijo Gilberto a Radio W de Colombia.

Tras la ejecución de Escobar, los hermanos Rodríguez se quedaron con todo el control del tráfico de drogas, un negocio de por lo menos 8000 millones de dólares al año. En tal contexto, se reveló la entrega de dinero del Cártel de Cali a la campaña de Ernesto Samper a la presidencia, electo en 1994.

Capturados en 1995 y condenados a 15 años de cárcel, fueron liberados a los siete, en 2002, al amparo de leyes colombianas creadas para que los traficantes se entregaran con reducidas penas de prisión. Fueron recapturados meses después porque se comprobó que seguían dedicándose a los negocios ilícitos.

A la postre fue liberado William Rodríguez Abadía, hijo de Miguel, quien cumplió sólo cinco de más de 21 años de prisión a los que había sido sentenciado, pues colaboró con la justicia de Estados Unidos, inculpando a su propio padre.

En pleno apogeo, el Cártel de Cali manejó hasta 80% del mercado mundial de la cocaína. El negocio estuvo a cargo de William mientras su padre y su tío estaban tras las rejas en Colombia, entre 1995 y 2002.

William utilizó su inteligencia y la disposición a negociar de las agencias de Estados Unidos. Primero se entregó voluntariamente al comenzar 2006, luego pactó acusar a su padre y a su tío, una pena carcelaria de 21 años que finalmente consiguió reducir a cinco años, y no ser sometido a juicio. (Algo parecido pactó *el Vicentillo*, pues no estará más de 10 años en prisión, contando los más de cuatro que ha permanecido tras las rejas, y posiblemente consiga llevar a su familia a Estados Unidos, como logró hacerlo Rodríguez Abadía, "un abogado que se educó en prestigiosas universidades y que era considerado como uno de los integrantes de la nueva generación de los barones de la droga de Colombia, caracterizados por su buen nivel educativo, por su bajo perfil y por evitar apariciones en público en lujosos vehículos y con compañías femeninas llamativas", definiría su abogado Humberto Domínguez.)

Pero lo que aparentaba ser ya miel sobre hojuelas, con los viejos hermanos en prisión, el hijo William libre y el resto de la familia gozando de una fortuna que le permitía "sobrevivir" de un modo "digno", lo más alejado posible del "mínimo", de pronto fue objeto de nuevas investigaciones de la Fiscalía de Colombia que llevó a emprender juicio en contra de una decena de herederos:

Jaime y Humberto Rodríguez Mondragón, hijos del *Ajedrecista*, fueron acusados de ser responsables de lavado de activos. Lo contó así Humberto en pleno tribunal: que en una de tantas visitas que hizo a su padre, éste le explicó de qué manera ingresaba dinero de las mafias a empresas como Drogas La Rebaja. Se hacían como una especie de pago de primas que se respaldaba con cheques del Banco de los Trabajadores.

"Hay que darle una revisadita a ese banco", dijo un juez al fiscal del caso. Simultáneamente fueron citadas Claudia Pilar Rodríguez Ramírez, Amparo Rodríguez de Gil y Soraya Muñoz Rodríguez, respectivamente hija, hermana y sobrina de Gilberto Rodríguez Orejuela, a quienes se les imputó presunta responsabilidad en el ocultamiento nada menos que de 140 bienes familiares con valor cercano a los 30 millones de dólares.

Lo habrían hecho a través de cooperativas, empresas diversas y propiedades repartidas en las principales ciudades de Colombia, "violando así el acuerdo de culpabilidad suscrito en 2006 por los hermanos [Gilberto y Miguel] Rodríguez Orejuela, en el que se comprometían a entregar esos bienes adquiridos con dinero producto del tráfico de drogas", según la acusación de la Fiscalía General.

En mayo de 2013 la autoridad colombiana terminó acusando a 10 familiares por lavado de dinero del ya extinto Cártel de Cali. Otro fiscal perteneciente a la Unidad Nacional para la Extinción del Derecho de Dominio y contra el Lavado de Activos confirmó una previa "medida de aseguramiento" sobre los bienes sospechosos de lavado, pues persistían los vicios desde que las empresas fueron creadas con dineros ilícitos y otras se fueron creando con la finalidad específica de manejar capitales sucios.

Unas y otras suscribieron contratos entre sí, los empleados de unas eran los gerentes de otras, y en algunas seguían figurando los hermanos Rodríguez Orejuela como accionistas y en otras más aparecían de manera indirecta por medio de sus esposas o sus hijos.

En el entramado aparecieron cesiones de empresas a esposas, hijos, hijas, hermanos y sobrinos que en realidad solamente eran "simulaciones que constituyeron el medio del que se valieron los hermanos Rodríguez Orejuela para continuar su actividad de lavado de activos a través de esas empresas, al pretender dar apariencia de legalidad a los recursos que les generaba el narcotráfico".

Finalmente, la fiscalía inició un proceso formal para retirar la propiedad de la cadena de farmacias (883 establecimientos en todo el país) Drogas La Rebaja, que supuestamente había sido adquirida por sus trabajadores constituidos en cooperativa. Pero las operaciones de traspaso fueron ficticias y las ganancias que rendían esos establecimientos seguían siendo recibidas por los testaferros de los Rodríguez. La falsa operación, por unos 18 millones de dólares, para que las tiendas pasaran a ser propiedad de la Cooperativa Multiactiva, integrada por sus empleados, ocurrió sólo en el papel, según Julián Quintana, jefe de la Unidad Nacional para la Extinción del Derecho de Dominio y contra el Lavado de Activos.

Desde Madrid, el diario *El País* publicaba, bajo la firma de Pilar Lozano, el 20 de junio de 1991:

> El milagro anunciado por el sacerdote Rafael García Herreros, el pasado 8 de mayo, se cumplió: Pablo Escobar Gaviria, máximo responsable del Cártel de Medellín y uno de los grandes jefes del narcotráfico en el mundo, está desde ayer, a las cinco de la tarde (una de la madrugada de España), en la cárcel de Envigado. Después de asegurarse de que no será extraditado, Escobar se entregó a las autoridades colombianas y fue trasladado en helicóptero a este centro de rehabilitación de drogadictos convertido, a marchas forzadas, en cárcel de máxima seguridad.

La entrega pactada cuando el presidente colombiano era César Gaviria tuvo mucho de peliculesca, pues Escobar tomó su decisión después de presenciar, por transmisión de televisión en vivo, cómo se prohibía la extradición para colombianos en la Asamblea Nacional Constituyente. Hubo 51 delegados por el sí, 13 por el no y cuatro abstenciones. Pablo era considerado entonces, a sus 40 años, el multimillonario número 14 en el mundo.

Como es costumbre, tanto en Colombia como en México, la verdad oficial de su entrega no correspondía en absoluto con la realidad. Según esa versión, avalada por el sacerdote García Herreros, un helicóptero recogió al capo en un lugar montañoso y selvático y lo trasladó a Envigado, en Antioquia, donde ya se habían adelantado a entrar cuatro de sus lugartenientes del Cártel de Medellín, entre ellos John Jairo Velásquez, alias *Popeye;* Otoniel González, alias *Otto*, y Carlos Aguilar Gallego, *Mugre.* Al día siguiente ingresaron al lugar Valentín de Jesús Taborda; Roberto Escobar Gaviria, el hermano de Pablo apodado *Osito*, y Gustavo González Franco, *Tavo.* El jueves 27 se entregaron Jorge Eduardo Avendaño, *Tato,* y al día siguiente Johnny Rivera, *Palomo.* Una semana después, el 4 de julio, lo hicieron también José Fernando Ospina, *el Mago*; John Jairo Betancur, *Icopor*; Carlos Díaz, *la Garra,* y Alfonso León Puerta, *el Angelito.*

Fue todo un operativo para el lucimiento mediático, como se verá después. Y la realidad no es que hayan recogido a Escobar en la selva, sino que desde las ocho de la mañana estaba en las oficinas de la Gobernación con su amigo sacerdote; con el procurador de la nación, Carlos Arrieta; con el gobernador de Medellín, Iván Echeverri, y con la directora de Instrucción Criminal, Marta Hurtado, junto con quienes vio todo el debate y la votación que borró de tajo la extradición de colombianos en la ley.

En México no hubo un sacerdote que dijera, en nombre del *Chapo,* en febrero de 2014, lo que García Herreros pronunció en Colombia en junio de 1991: "Pablo está cansado de su vida irregular. Es un hombre acorralado que quiere cambiar su vida. Por eso está decidido a entregarse a la justicia".

Pablo Escobar fue el séptimo de los llamados "extraditables" en entregarse voluntariamente a cambio de reducción de condenas, a quien se le ofreció un trato digno y benévolo, como el que ya tenían los hermanos Pablo, Juan David y José Luis Ochoa en la cárcel de Ipagui, en Medellín. "Yo no siento desconfianza de la justicia colombiana; siento desconfianza de ciertos organismos de seguridad", había declarado meses antes el también apodado *Patrón del Mal*.

Escobar le hizo una jugarreta, una broma pesada a los gobiernos de Estados Unidos y Colombia, a los que dejó en vergüenza total, y también a la opinión pública, pues antes de ingresar voluntariamente a la cárcel de Envigado, también conocida como La Catedral, en Antioquia, ordenó remodelarla y la dejó llena de lujos. El predio en el que se construyó era, además, de su propiedad; La Catedral era una cárcel de supuesta alta seguridad que tenía cómodas habitaciones y camas, salas de billar y de *pool*, bar, cancha de futbol, cascadas naturales, muebles y cuadros importados. Allí llegaron a celebrarse orgías para amigos y sicarios que entraban sin problemas al penal. De cárcel de máxima seguridad, Envigado pasó a llamarse "Cárcel de Máxima Comodidad" (como Puente Grande, en Jalisco, terminó siendo bautizada por la *vox populi* "Puerta Grande", tras la exitosa fuga del *Chapo* Guzmán en enero de 2001).

Desde prisión, otra coincidencia con *el Chapo*, Escobar seguía manejando el negocio de la cocaína. Tenía una nómina especial para pagar sobornos a los custodios y a elementos del ejército que se suponía estaban encargados de la seguridad fuera de la cárcel.

No obstante esa burla premeditada, Escobar pronunciaría estas palabras el mismo día de su ingreso a prisión, con toda la solemnidad de su oratoria del legislador que fue, desde su encierro voluntario y muy cómodo:

Deseo que haya un juicio, con mi presentación y mi sometimiento a la justicia. Deseo rendir también un homenaje a mis padres, a mi irremplazable e inigualable esposa, a mi hijo pacifista de 14 años, a mi pequeña bailarina sin dientes de siete años y a toda mi familia que tanto quiero.

En estos momentos históricos de entrega de armas de los guerrilleros y de pacificación de la patria, no podía permanecer indiferente ante los anhelos de paz de la enorme mayoría del pueblo de Colombia.

Pablo no solamente era demagógico, sino que actuaba con particular sevicia. Además de manejar sus negocios ilícitos desde la comodidad de La Catedral, ordenaba que fueran a visitarlo personajes con los que tenía cuentas pendientes y luego los mandaba torturar, asesinar, descuartizar y cremar, como le ocurrió a Fernando Galeano y a Gerardo *Kiko* Moncada, y también a sus hermanos Francisco Galeano y William Moncada. Por estos y otros crímenes, el fiscal Gustavo de Greiff pidió al presidente Gaviria el traslado de Escobar y de sus socios a un penal de verdad: una cárcel militar. Alertado sobre su inminente traslado por funcionarios, el capo decidió atrincherarse tomando rehenes. Pablo y los suyos salieron fácilmente de prisión, pues una pared en los muros traseros estaba hecha solamente de yeso y aglomerado de madera, por lo cual la tumbaron a patadas.

Era el 21 de julio de 1992. Un año y un mes había durado exactamente la euforia que acompañó a la rendición voluntaria del *Patrón* Escobar. Y otro año y medio logró evadir la acción de las fuerzas armadas y policiales hasta que fue abatido el 2 de diciembre de 1993 (con la ayuda tecnológica y el odio de los Rodríguez Orejuela, como se dijo arriba), en un barrio popular de Medellín.

En inevitable paralelismo histórico, algunas autoridades mexicanas aludieron a la localización del *Chapo* Guzmán por las últimas llamadas telefónicas en las que intentó hallar auxilio cuando suponía que ya estaba cercado (nada probable si es que estaba con su joven esposa y sus hijas mellizas), pues en 1993 se difundió que Pablo Escobar cometió el error de hacer varias llamadas a su familia que fueron interceptadas por la policía. Cerca de 1500 hombres del llamado Bloque de Búsqueda le seguían la pista, con ayuda de los Pepes (acrónimo de Perseguidos de Pablo Escobar), entre los cuales estaban principalmente los Rodríguez Orejuela, financiándolos, aportando tecnología y asesorándolos según se narra líneas arriba.

Escribió el periodista Mark Bowden en su libro *Matar a Pablo Escobar* que éste se había ido a vivir "a la casa 45 D de la calle 79, en Medellín, una vivienda de ladrillos, de dos plantas, sencilla y con una palmera achaparrada enfrente. El taxi, que usaba como cabina telefónica portátil (en aquellas épocas no había tecnología tan avanzada) era conducida por su único guardaespaldas y compañero Álvaro de Jesús alias *Limón*. (Sería el equivalente a Carlos Manuel *Hoo* Ramírez en el caso del *Chapo*.)

Otra coincidencia: Escobar recién había cumplido 44 años. Exactamente a la misma edad dejó de existir *el Chayo* Nazario Moreno, liquidado por sus compañeros, y no por la Marina, al día siguiente de su onomástico 44, tal como se detalla en este libro.

Los gemelos: traición al *Chapo* y al *Mayo*

El gobierno de Estados Unidos no perdió el tiempo ni desperdició oportunidad para acusar de un cúmulo de delitos a Vicente Zambada Niebla *el Vicentillo* o *el Mayito*. No cesó de abrumarlo mientras estaba en una prisión en la que no se le permitió ni siquiera salir a caminar, para quebrarle la voluntad, aplastarlo, restarle toda posibilidad de defensa; y contar con su colaboración incondicional para delatar actos criminales y a los personajes que los perpetraron dentro del Cártel de Sinaloa, incluído su padre Ismael *el Mayo*

Zambada García. El hostigamiento extremo buscaba —y lo logró— que *el Vicentillo* no fuera sometido a juicio, sino que llegara a un arreglo extrajudicial, con lo que se lograba dejar sin abrir la caja de pandora de los pactos entre la DEA y el narco mexicano que, de hacerse públicos, perjudicarían intereses en el tema de las drogas y de las armas, del contrabando de dinero de país a país, de blanqueo de dinero y del pago de sobornos a funcionarios.

El 4 de marzo de 2013 Zambada Niebla firmó el documento de culpabilidad que le permitió no ser condenado a cadena perpetua, sino sólo a 10 años de prisión (con lo cual saldrá libre antes de cumplir los 50 años), con imputaciones y condicionamientos extremos.

Por ejemplo, debió reconocer que, siendo miembro de alto rango del Cártel de Sinaloa, "como lugarteniente de confianza de su propio padre, para quien actuaba como sustituto y coordinador logístico", traficó drogas utilizando aviones, submarinos y otros aparatos sumergibles o semisumergibles, barcos, contenedores, lanchas rápidas, navíos de pesca, autobuses, vagones, tráilers y autos para transportar drogas; que ayudó a coordinar la importación de cocaína de países de Centro y Sudamérica hacia México; que facilitó el transporte y almacenamiento de las cargas en la República mexicana.

La multa de 4 millones de dólares que se le impuso es una nimiedad si se compara con la cantidad fabulosa que *el Vicentillo* tuvo que aceptar que Washington le incaute, lo mismo en efectivo que en bienes, depósitos bancarios, empresas y negocios en varios países, hasta por 1 373 millones de dólares.

Para que no haya dudas sobre la cantidad, que algunos medios mexicanos citaban equivocadamente como "1 373 mil dólares" (y por eso tal vez la noticia no alcanzó los niveles de escándalo que corresponden a la magnitud de la incautación), en la página 14 del documento firmado por el propio Zambada Niebla, cuya copia en inglés poseo, se menciona el monto con diez dígitos: 1 373 415 000.

¿De dónde obtendrá el gobierno de Estados Unidos semejante cantidad? ¿Acaso el dinero está depositado en los propios bancos de la unión americana o invertido en negocios en territorio estadunidense? ¿Compartirá algo de esa fortuna con el gobierno de México, sobre todo después de que le entregó amablemente en extradición al *Vicentillo* para ser juzgado en Chicago? ¿Cómo fue posible ubicar esos millones al joven Zambada Niebla, mientras en México nada se averiguó al respecto y aquí su jefe Joaquín *el Chapo* Guzmán ya está preso hace meses y no se anuncia el mínimo decomiso de alguna empresa inmobiliaria, hotel, residencia, tienda, casa de cambio, comercio, negocio de importación y exportación, club deportivo, restaurante, gimnasio, rancho, conjunto habitacional, farmacia, gasolinera, aeronave, navío o al menos una cuenta bancaria tras la cual se ubique la fortuna del hombre que fue incluido varias veces entre los multimillonarios del mundo por la revista *Forbes*?

Con el ocultamiento de información que vino aparejado a la suspensión del juicio contra Zambada hijo, las agencias de Estados Unidos respiraron profundo, pues, como se ha dicho, se había puesto en juego la posibilidad de revelar sus arreglos con ejecutores de actividades ilícitas, no solamente en materia de drogas, sino también de armas y contrabando de dinero en efectivo.

No es casual que en la Operación Rápido y Furioso la mayor parte de las armas, que supuestamente iban a ser seguidas para ubicar a grupos criminales, hayan quedado en manos del Cártel de Sinaloa.

Los métodos y los medios de transporte para trasegar droga hacia Estados Unidos (Chicago, en el caso específico) eran utilizados en sentido contrario para regresar dinero, miles de millones de dólares, a los traficantes mexicanos, hoy se sabe.

Las paredes del edificio del imperio mundial —en el que habita el mayor número de adictos en el mundo— parecieron cimbrarse cuando la defensa del *Vicentillo* ofreció pruebas de que agencias estadunidenses pactaron con los traficantes mexicanos, a quienes dieron inmunidad (e impunidad) a cambio e información sensible sobre otros grupos criminales.

Humberto Loya Castro es el personaje central en esa negociación. Abogado de las confianzas del *Chapo* y *el Mayo*, a su vez eludió una orden de aprehensión por narcotráfico en Estados Unidos, y desde entonces (principios de los 90) se convirtió en informante de la DEA. Si Loya fue el intermediario entre la DEA, *el Vicentillo* seguramente intervino en la posterior entrega pacífica de Guzmán Loera a cambio de todo tipo de beneficios para él mismo, para que se dejara intacta buena parte de su fortuna en dólares y sobre todo para dar seguridad e inmunidad a toda su familia.

Los detalles se sabrán con el tiempo y muy probablemente con *el Chapo* en las cortes de Estados Unidos, aunque ahora el gobierno mexicano niegue que está en sus planes extraditarlo. Claro: es demasiado temprano hacerlo sin herir susceptibilidades y el arraigado sentimiento nacionalista de la ciudadanía. Pero es cuestión de tiempo. Aquí ni siquiera ha surgido un grupo de capos que se pueden denominar "extraditables", como existió en Colombia para oponerse al envío de jefes mafiosos colombianos fuera de su país.

Por lo pronto, el mismo día que se anunció que no habría juicio contra Vicente Zambada Niebla, se informó que sí lo habría contra Pedro y Margarito Flores, los gemelos a quienes el gobierno de Estados Unidos tiene en sus manos hace cinco años y les atribuye haber construido entre 2001 y 2008 la red de distribución más grande de drogas que se conozca en territorio de Estados Unidos, que incluía Milwaukee, en el norte; Vancouver en el oeste y Nueva York, Filadelfia y Washington en el este, describe un reportaje publicado por los periodistas Andrew Kennis y Jason McGahan en la revista mexicana *Emeequis* en noviembre de 2012.

Margarito, uno de los gemelos hijos de padre mexicano ya nacidos en el barrio Pilsen, de Chicago, no es sólo testigo contra el Cártel de Sinaloa, sino que fingió seguir siendo socio y aceptó reunirse con *el Chapo* Guzmán, *el Mayo* Zambada y con el propio *Vicentillo*, llevando oculto un micrófono de la DEA para grabar conversaciones con los capos.

Además de la supuesta mala calidad de un cargamento de heroína, pretexto para la reunión, lo que interesaba a los capos mexicanos —narran Kennis y McGahan— era conseguir armas de mayor poder y explosivos para cometer atentados de corte terrorista, como volar edificios.

Se escucha en una de las grabaciones cómo *el Mayo* Zambada dice muy molesto: "Este gobierno está dejando a los gringos hacer lo que quieren", aludiendo al de Felipe Calderón, pues el encuentro se habría dado en octubre de 2008 y la Oficina del Procurador Federal de Chicago las transcribió y las dio a conocer. "Nos están chingando por todas partes", decía a su vez *el Chapo*.

Era *el Vicentillo* el que más insistía en conseguir armas con más poder de fuego. Le preguntaba a Margarito, una y otra vez, cómo conseguir explosivos y armas de uso exclusivo del ejército.

Los periodistas ponen en boca de Zambada Niebla estas palabras:

Gemelo, tú conoces gente que regresa de la guerra. Encuentra a alguien que pueda darte armas de gran alcance, mierda gringa... no queremos porquerías. Quiero volar algunos edificios. Tenemos muchas granadas, tenemos muchas armas calibre .50, estamos cansados de los AK.

Incluso se oye en la grabación cuando *el Vicentillo* comparte su deseo de *enviar un mensaje* a las autoridades de Estados Unidos con la explosión de algún edificio de gobierno o de algún medio de comunicación en la ciudad de México (tal como se hizo en Colombia años antes). "Esos atentados nunca ocurrieron", se aclara.

(En efecto, no se concretaron jamás las amenazas, pero el mediático gobierno de Felipe Calderón sí aprovechó esta información que dio a conocer el procurador de Estados Unidos Eric Holder, en agosto de 2009, cuando dijo que la intención de los sinaloenses era atentar contra estadunidenses y edificios federales en el D. F. Todo derivado de la grabación del gemelo a los capos en 2008).

Ramón Eduardo Pequeño era el jefe antidrogas de la Policía Federal, bajo las órdenes de Genaro García Luna, cuando salió a decir a los medios que el Cártel de Sinaloa tenía intenciones de atentar contra la vida del presidente de la República, como se reportó en "información oficial" del 10 de agosto del 2010. Pequeño lo daba a conocer tres años después, en agosto de 2012, diciendo que la gente de Sinaloa estaba muy molesta por la captura de varios integrantes de su estructura y porque se les aseguraron 30 millones de dólares en septiembre de 2008.

Lo curioso es que la "revelación" del funcionario de la Policía Federal coincidía con lo declarado por el propio Calderón, el día de su cumpleaños número 50, de que hubo un plan en 2007 para atentar contra el avión presi-

dencial cuando estaba a punto de ir a una gira a Tamaulipas, la cual no fue suspendida. En previsión de una tragedia, aunque el Estado Mayor Presidencial revisó la aeronave
y aplicó las inspecciones y protocolos necesarios, Calderón
contaba, a toro pasado, que inclusive pidió que camarógra-
fos profesionales de la presidencia le grabaran, dentro del
propio avión, un mensaje en video para sus hijos. "No sé
dónde habrá quedado ese video (¿?), pero les dije que pensaran que yo ya había vivido una vida plena, llena de reali-
zaciones, y que si algo malo me pasaba se valía extrañarme
pero no con tristeza, sino con alegría y buenos recuerdos."

La amenaza a la que se refería Pequeño ocurrió en 2009,
cuando *el Chapo* Guzmán y *el Mayo* Zambada ordenaron
ejecutar un atentado a su pistolero Dimas Díaz Ramos, conocido como *el Dimas* o *el Seis*, un ex policía sinaloense y
operador financiero del Cártel, que era además enlace con el
líder de La Familia Michoacana, Nazario Moreno *el Chayo*.

La PGR, narró el funcionario Pequeño, abrió una averiguación luego que en portada del periódico *El Debate* de
Sinaloa aparecieron cartulinas en las que se amenazaba de
muerte a Calderón:

Sr. Presidente, una pregunta: si tardaste un año para dar con
el Dimas, ¿calculas que te alcance la vida para dar con toda
mi gente? Cuídate. Ya tenemos la consigna y prometemos al
pueblo que será cumplida.

Pero volviendo al tema de los gemelos Margarito y Pedro Flores, seguramente ellos darán todavía mucho de qué hablar, pues aportaron detalles certeros sobre la forma en que ingresaba todo tipo de drogas desde el Cártel de Sinaloa por Los Ángeles, California, en lanchas rápidas, en pesqueros, en aviones de carga Boeing 747, en contenedores, en buques gigantes y hasta en submarinos.

Cocaína, heroína, drogas sintéticas, todo era transportado por tierra hasta almacenes de Chicago y Bedford Park. Se dispersaba la mercancía ilegal en otras ciudades cercanas como Justice, Romeoville y Plainfield.

Según documentos en poder de la Corte de Chicago, los gemelos ya le vendían a intermediarios y también a mayoristas de todo el país, entre 2001 y 2008.

Narran Kenis y McGahan:

El negocio floreció en breve tiempo y el ritmo de las ventas fue tal que los gemelos no se daban abasto para esconder los fajos de dólares en los muros de casas y condominios ubicados en Chicago y ciudades cercanas, todos registrados a nombre de novias y familiares sin antecedentes penales… Llegó el momento en que no había suficientes prestanombres de confianza que ocultaran tal cantidad de dinero, así que decidieron incursionar en negocios legales para lavar sus ganancias. Pedro y Margarito abrieron entonces una peluquería llamada Millenium Cuts y un restaurante de cocina mexicana al que bautizaron como Mama's Kitchen.

Hay dos datos relevantes para ubicar el contexto en que se dio toda la colaboración de los gemelos Flores:

- Su padre había ido a negociar directamente con *el Chapo* Guzmán y con *el Mayo* Zambada. Pero nunca volvió a aparecer. En cambio, en el parabrisas de su automóvil, en medio del desierto, había un letrero: "Dile a esos hijos de su chingada que se callen o vamos a enviarte sus cabezas". Escondidos en alguna prisión de máxima seguridad, sólo reaparecen de vez en vez, custodiados por múltiples agentes, para testificar contra *el Vicentillo* y todo el cártel sinaloense.
- El negocio de los gemelos y su padre floreció durante todo el tiempo en que duró la alianza del *Chapo* con los hermanos Beltrán Leyva. Pero se dio una violenta ruptura en 2008 y entonces los Flores prefirieron convertirse en informantes de la DEA.

El Vicentillo traficó cuanto quiso y todo el tiempo que se le antojó porque los agentes antinarcóticos estadunidenses se hacían de la vista gorda, por el supuesto pacto de inmunidad, hasta que comenzaron los decomisos. Zambada Niebla reclamó un status de "autoridad pública" que, según la ley de Estados Unidos, puede reconocerse cuando alguien actúa bajo los auspicios y con el permiso del gobierno:

Zambada Niebla afirmó que el aparato de justicia de Estados Unidos le daba carta blanca para coordinar las operaciones de contrabando de droga en Chicago y en todo Estados Unidos y que le permitía, además, enviar miles de millones de dólares en efectivo a México.

De los arreglos extralegales que el gobierno de Washington es capaz de hacer con los delincuentes, habla el reclamo de Alvin Michaelson, uno de los abogados de Zambada Niebla:

"El gobierno oculta el expediente de los gemelos para que sigan apareciendo como gente confiable, pero sabemos que hay testigos que han hablado de la reputación de los hermanos Flores como asesinos, ladrones, mentirosos… nadie confía en los hermanos Flores… ¡pero ellos son los testigos clave en este caso!"

Fue Michaelson quien mencionó los 2000 millones de dólares —"en efectivo"—, que el gobierno dice haberles quitado a los gemelos Flores escondidos en casas de Chicago, pero los bienes de estos traficantes no fueron mermados por completo. El gobierno volvió intocables a múltiples familiares de los Flores, que se sabe son traficantes, y también les permitió "conservar su dinero mal habido mientras estaban colaborando con las autoridades.

El Chapo Guzmán sabe que es posible obtener esos beneficios. Así se lo hicieron saber los enviados de la DEA y su compadre y abogado Humberto Loya Castro, para que consintiera en entregarse sin resistencia. Y, en efecto, lo están respetando.

Un *Chapo* con vocación de topo

Sus enemigos los Beltrán Leyva sabían perfectamente que *el Chapo* Guzmán era un campeón en materia de construcción de túneles a través de la frontera México-Estados Unidos, lo mismo en la Mesa de Otay, en Tijuana, conectando con San Diego, que por los rumbos de Tecate y Mexicali.

El capo sinaloense también horadó la frontera binacional en los dos Nogales (Arizona y Sonora), ya aprovechando los resumideros subterráneos construidos para desalojar líquidos pluviales, ya construyendo nuevos conductos por donde podían transitar cómodamente los traficantes. Algunos de esos túneles, construidos con tecnología de punta, inclusive cuentan con vías férreas en largos trayectos por el subsuelo, a semejanza de las minas donde se extraen minerales y carbón.

Por eso los Beltrán Leyva, en absoluta complicidad con sus amigos-empleados de la PGR, se atrevieron a construir y a difundir una imaginativa historia de albañiles que vivían en Huixquilucan, Estado de México, y que desde allí habrían sido llevados por órdenes del Cártel de Sinaloa hasta Mexicali, Baja California, para construir un narcotúnel hacia Estados Unidos. Puesto que no se cumplió el pago por ese trabajo, fueron acribillados 24 albañiles que iban a denucniar el hecho.

Este episodio revela la complicidad absoluta de la PGR con los Beltrán, pues se daba institucionalmente como verdad oficial un hecho mentiroso, con tal de inculpar al Cártel de Sinaloa y librar de responsabilidades a los Beltrán. La masacre de La Marquesa fue de ocho columnas en varios periódicos y la versión ocupó espacios relevantes en la radio y en la televisión, aunque era falsa de toda falsedad, como se demostraría tiempo después.

Es verdad que, a lo largo de sus 56 años de vida, *el Chapo* también mostró su vocación de topo y ha querido ser en varias ocasiones una especie de Gran Houdini. Con sus túneles, como ya se dijo, violó en múltiples ocasiones (casi un centenar de estos pasos clandestinos) la frontera entre México y Estados Unidos.

También se supo, en el contexto de la persecución que acabó recapturándolo, que mandó construir pasadizos subterráneos con entradas ocultas para comunicar varias de sus casas aprovechando las redes del alcantarillado de Culiacán.

Si bien en 2001 no perforó las paredes de la cárcel de supuesta alta seguridad de Puente Grande, sí pudo traspasar hasta ocho filtros con cerraduras eléctricas de esa prisión el 19 de enero de aquel año gracias a una compra millonaria de complicidades de autoridades carcelarias para lograr una graciosa huida y permanecer en libertad durante 13 años antes de ser recapturado.

Joaquín Guzmán Loera nació en 1957, el mismo año en que lo hizo Osama Bin Laden.

El saudiárabe le llevaba 25 días de edad al nacido en La Tuna, Badiraguato (el 10 de marzo y el 4 de abril, respectivamente, son sus onomásticos, por lo que Guzmán Loera pasó su cumpleaños 57 encerrado en su celda del Centro Federal de Rehabilitación Social del Altiplano).

A uno y a otro les fue endilgado por Washington el estigma del más buscado y del enemigo público número uno, y así permanecieron durante varios años en el *ranking* mundial hasta que Bin Laden fue ejecutado cerca de Islamabad, en Pakistán, y Joaquín Guzmán Loera, recapturado en Mazatlán, Sinaloa, en ambos casos en operaciones de extrema precisión.

"*El Chapo* es omnipresente", se le salió decir al arzobispo de Durango, Héctor González. Como Dios, ni más ni menos. El prelado quiso corregirse a sí mismo cuando afirmó que todo mundo sabía que *el Chapo* vivía en Angostura, adelante de Guanaceví. "Todo mundo lo sabe, menos el gobierno." Después decidió guardar silencio e hizo ante la prensa un ademán horizontal sobre los labios, como quien recorre un zíper para dejar claro que ya no hablaría.

En una de tantas búsquedas, el "ya merito" surgió cuando el ejército ubicó a Guzmán Loera en el rancho Las Trancas, en Sinaloa, y se le escapó a la tropa por enésima ocasión. El procurador Rafael Macedo de la Concha y el zar antidrogas José Luis Santiago Vasconcelos daban su versión y su visión de las cosas. Santiago Vasconcelos explicó que para este tipo de operaciones siempre se comparte inteligencia e información entre las autoridades que combaten el narcotráfico. "Fue el ejército mexicano el que ubicó al capo en ese rancho, y de inmediato se desplegaron las acciones para su recaptura." Pero, como ocurrió en otras ocasiones, "el fracaso de esa operación estribó en la ayuda y el respaldo que *el Chapo* recibe de la gente", decía, pues "lo ven como un Robin Hood" por el dinero que regala a su paso.

Según esta interpretación de la autoridad del sexenio foxista, era el apoyo popular y no la corrupción o la complicidad oficial la culpable de que Guzmán Loera pudiera eludir la persecución oficial y continuara con su estatus de fugitivo.

En agosto del 2001, siete meses después de su fuga de Puente Grande, el capo fue detectado en el Distrito Federal, donde se iniciaron operativos para volver a aprehenderlo, pero *el Chapo* escapó de uno supuestamente bien armado en La Marquesa, por la carretera a Toluca, en una casa de la Cerrada del Calvario, en la zona pegada a Contadero.

(Curiosamente cerca de donde fue sorprendido Édgar Valdés Villarreal, también en agosto, pero de 2010, a quien con tal de imputarle "delincuencia organizada", se le armó un convoy falso con siete ciudadanos, tres mujeres y cuatro hombres, tomados al azar en calles y establecimientos de la colonia Las Águilas, en vísperas del cuarto informe presidencial de Felipe Calderón. En el momento en que escribo estas líneas continúan injustamente en prisión, aunque la PGR conoce ya perfectamente ese caso de fabricación de culpables inocentes.)

En aquella ocasión, Santiago Vasconcelos explicó que se persiguió al *Chapo,* pero logró escapar gracias a que le sirvió de "muro" el sicario Esteban Quintero, *el Pelón*, su primo, quien habría protegido la huida de su jefe y familiar.

Unos días después, el 6 de septiembre, la PGR arrestaba en la ciudad de México a su hermano Arturo Guzmán Loera, alias *el Pollo*, junto con sus cómplices Ricardo Bonilla Arizmendi, *el Tío* (o Jesús Lona López), y Marco Antonio Cruz García. Con datos obtenidos del operativo en la casa de Contadero, policías federales llegaron hasta Guadalajara, donde el 2 de noviembre capturaron a Jesús Castro Pantoja, *el Chabelo*, uno de sus principales lugartenientes de la época.

En noviembre de 2001, la inteligencia mexicana, auxiliada por agencias estadounidenses, ubicó al *Chapo* viviendo entre Puebla y Cuernavaca. Nuevamente, a punto de ser detenido según la autoridad, alcanzó a huir pero fue detenido Miguel Ángel Trillo Hernández, su principal proveedor logístico, ya que se encargaba de rentar las casas en las que vivió desde su escape del penal jalisciense.

Siempre por datos filtrados desde la PGR a la prensa, de Puebla *el Chapo* se trasladó a Sinaloa, esta vez al poblado serrano de Tohayana. Ahí reharía sus fuerzas, junto con sicarios como el ex militar Juan Mauro Palomares y Arnoldo Martínez, apodado *el Trece*, y restablecería relaciones con Sudamérica.

De hecho, el capo leyenda habría vivido durante meses, en 2003, en varios sitios del Cono Sur y establecido nexos en Bolivia con el capo Miguel Ángel Carranza Báez, *el Kala*, quien comenzó a abastecerlo de cocaína.

Nuevamente, en 2004, policías y soldados mexicanos retomaban su huella cuando se reiniciaba la lucha del Cártel de Sinaloa contra el Cártel del Golfo y sus sicarios Los Zetas, lo mismo en Tamaulipas, que en Michoacán, Guerrero, Nuevo León, Durango y toda la Comarca Lagunera.

Agencias de Estados Unidos ubicaron al capo sinaloense en Guanajuato e inclusive la DEA entregó fotografías satelitales de un rancho de esa entidad, que fue propiedad de un ex gobernador, según detalla una fuente federal. El jefe del Cártel de Sinaloa fue ubicado por el tipo de automóviles que formaban parte de su seguridad. Como en las otras ocasiones, *el Chapo* Guzmán se fugó antes de que llegaran las autoridades.

Coincidencias entre la vida, la política y la delincuencia organizada: *el Chapo* se habría casado el 2 de julio de 2007 con Emma Coronel, de 18 años (sobrina de su socio Ignacio Coronel, supuestamente liquidado en julio de 2010 en Zapopan, Jalisco), en pleno Triángulo Dorado de la droga, en Canelas, municipio de La Angostura, Durango. Otro 2 de julio, pero seis años antes, se unieron en matrimonio, en Los Pinos, el presidente Vicente Fox y su ex vocera Marta Sahagún. La importancia de esta unión en la casa presidencial convocó a un testigo internacional: el ex presidente derechista español José María Aznar.

Tal parece que *el Chapo*, siendo prófugo, tuvo menos dificultades para unir su destino a Emma Coronel que Vicente Fox, siendo presidente de la República, para enlazar formalmente con Marta Sahagún, pues el mandatario no consiguió a tiempo la dispensa del Vaticano para su divorcio religioso de Lilián de la Concha. En cambio, el poderío del capo logró formar un anillo de seguridad en La Angostura para que no entrara nadie que no hubiera sido invitado ex profeso. Se reportó la presencia en la boda de funcionarios locales y estatales de Sinaloa.

En cuanto a Fox y Marta Sahagún, debieron esperar más de ocho años para volver a casarse, ahora por la Iglesia, en un improvisado altar en su rancho de Guanajuato, en julio de 2009, en una ceremonia íntima, privada y con pocos invitados. Ofició la misa el sacerdote Alejandro Latapí, de los Legionarios de Cristo, la misma congregación religiosa que había acogido a Lilián en Roma durante los trámites de anulación de la unión eclesiástica, la misma envuelta en los peores escándalos de abuso sexual de su fundador, el padre Marcial Maciel, quien terminó sus días retirado forzadamente de su ministerio sacerdotal por el Vaticano.

(Cabe señalar que Ismael *el Mayo* Zambada, en un encuentro con el fundador de la revista *Proceso*, Julio Scherer García, le indicó que "hasta *Proceso* miente" por el asunto de la supuesta boda de Guzmán Loera con Emma Coronel.)

Volviendo al tema del supuesto narcotúnel, esto publicó el diario *Milenio* en septiembre de 2008:

Ni pelones ni Zetas ni policías ni sicarios ni narcomenudistas: los 24 ejecutados de La Marquesa eran albañiles de comunidades pobres que habían construido un narcotúnel en Mexicali para el Cártel de Sinaloa, según avances de las indagaciones hechas por la PGR sobre la matanza ocurrida hace una semana en Ocoyoacac, la mayor que se recuerde en México.

El pasado 2 de septiembre una operación especial encabezada por agentes estatales detectó en la capital de Baja California un túnel clandestino de seis metros de profundidad y 150 de longitud que conectaría con Estados Unidos; la obra mide metro y medio de diámetro y contaba con sistemas de iluminación, ventilación y aire acondicionado, además de elevador.

La construcción, perfilan las investigaciones, fue hecha por la mayoría de los 24 hombres asesinados. La ejecución colectiva fue en represalia porque algunos habrían revelado "los trabajos especiales" hechos en la frontera norte en los últimos meses, indican los primeros avances de la averiguación previa PGR/SIEDO/UEIDCS/302/2008.

Aunque la PGR mentía en el caso de los asesinados en La Marquesa, en efecto Guzmán Loera exhibió su vocación de topo transfronterizo en muchas ocasiones, además de su comprobada experiencia en construir escapes por drenajes y ductos igualmente subterráneos entre sus varias propiedades, conectadas entre sí y con salidas en el sistema municipal de control de aguas en Culiacán.

En las horas previas a su recaptura, en febrero de 2014, la Marina, el ejército y los policías federales hallaron ductos de escape por el alcantarillado de Culiacán que comunicaban hasta siete casas del *Chapo* Guzmán, según se dijo oficialmente, por donde pudo eludir la persecución más reciente de marinos, soldados y agentes de policía, antes de irse a refugiar de la manera más anónima posible a los condominios Miramar, en Mazatlán.

Topo o Gran Houdini, Guzmán Loera también tuvo que ocultarse en el fondo de un carrito de lavandería cruzando los ocho filtros electrónicos —llamados pomposamente *diamantes de seguridad*— de Puente Grande en enero de 2001, para ir a parar a la cajuela de un automóvil y viajar nuevamente encerrado.

Contó a sus aprehensores, el 22 de febrero de 2014, que más de 20 años antes, en el aeropuerto de Guadalajara, cuando los Arellano Félix lo querían asesinar (y en vez de liquidarlo a él mataron al cardenal Juan Jesús Posadas Ocampo, el 24 de mayo de 1993), logró treparse a un carro con maletas, se ocultó entre el equipaje y así escapó de la balacera.

Por lo menos hay dos versiones de su evasión limpia de "Puerta Grande": la verdad jurídica contenida en más de 100 tomos que confirman lo del carrito, aunque se siembra confusión en los horarios sobre la alerta y el descubrimiento de que *el Chapo* ya no estaba por ningún lado en el penal la noche del 19 de enero (verdad ministerial con la que fueron sentenciados decenas de custodios y el ex director de la prisión, Leonardo Beltrán Santana), y otra que describe la periodista Anabel Hernández, autora del exitoso libro *Los señores del narco,* que ubica al *Chapo* saliendo disfrazado con uniforme de policía federal, pero la madrugada del día 20, en medio de la confusión creada por un operativo de la Policía Federal Preventiva que supuestamente investigaba la súbita ausencia de Guzmán en Puente Grande.

En los expedientes ministeriales hay elementos para creer en cualquiera de las dos hipótesis, dado que hubo consigna entre los custodios y el ex director Beltrán Santana para culpar a otros presos (en especial a Jaime Leonardo *el Negro* Valencia Fontes) de haber organizado la fuga. Un absurdo total, pues quien tiene la capacidad para desconectar los controles de los *diamantes* de la prisión, los sensores de movimiento y de calor, e inclusive los de la aduana de salida de vehículos, son precisamente los custodios y sus jefes, y no los prisioneros.

De todas maneras, Valencia Fontes fue injusta y arbitrariamente condenado. Fue un auténtico "chivo expiatorio" para restar culpas al personal carcelario, mientras un año después se exculpaba a Héctor *el Güero* Palma y a Arturo *el Texas* Martínez del delito que también les imputaron por evasión de reo.

Tomó mucho menos tiempo la recaptura de Guzmán Loera (13 años, un mes y tres días) que la revelación de la verdad histórica de la evasión, todavía hoy oculta detrás de expedientes manipulados, en los que se acumulan cientos de miles de fojas, para que los operadores de los más altos niveles de gobierno permanezcan intocados.

¿Es posible manipular, de principio a fin, una supuesta averiguación policial, que luego transita por el Ministerio Público, que debe revisarla, verificar sus datos cruzando información y allegándose nuevos elementos de prueba y finalmente llega a un juez y, eventualmente, a tribunales colegiados?

La respuesta contundente es: sí. Lo anterior implica una gran complicidad entre los poderes ejecutivo y judicial para fabricar casos de la nada o tomando una mínima porción de la verdad para —con imaginación desbordada, con perversidad de sobra y apoyándose en los llamados testigos protegidos o colaboradores— fabricar historias que sirvan para hundir en prisión a quienes la autoridad decidió castigar con todo el peso de una ley aplicada de manera facciosa, torcida por consigna, trituradora de inocentes que cayeron en desgracia por el motivo espurio que determine quién tiene la sartén de la justicia por el mango.

Algunos narcotúneles

Más allá de la invención de la PGR y sus aliados los Beltrán acerca de los más de veinte albañiles que habrían viajado miles de kilómetros para construir un narcotúnel en Baja California, los verdaderos ejecutores de la masacre lograron salir en libertad unos cuantos meses después, sin que se haya hecho ruido mediático.

Hombres armados y con uniformes de policías federales y siglas de la Agencia Federal de Investigación (AFI) llegaron a la paupérrima vecindad de once cuartos donde vivían las dos docenas de albañiles y los llevaron a todos a una residencia donde habrían sido torturados. Esto ocurría el 9 de septiembre de 2008 y tres días después aparecían los 24 cadáveres en el municipio de Ocoyoacac. Todos mostraban huellas de tortura, estaban maniatados y recibieron el tiro de gracia.

El comandante Antonio Ramírez Cervantes, de la policía municipal de Huixquilucan, y Raúl Villa Ortega, presunto integrante del Cártel de Sinaloa y dueño de una empresa de seguridad de Ecatepec, fueron arrestados como autores del levantamiento y asesinato múltiple de los albañiles secuestrados en la vecindad de la colonia Los Olivos.

El joven Víctor Hugo Martínez Rocha fue detenido el 18 de octubre de 2008 y obligado a ser "testigo protegido" útil para acusar al ex comisario de la Policía Federal Javier Herrera Valles —después se arrepintió, fue encarcelado y ya logró tener su libertad— y también fue manipulado para que diera la versión del narcotúnel fronterizo para cuya construcción habrían sido utilizados los albañiles de Huixquilucan. Según la versión que le hicieron aprender de memoria en la PGR, habría sido un sinaloense apodado *Román* o *el Patrón*, cuyo nombre era Marco Tanil Martínez Méndez, quien ordenó la ejecución múltiple. Con estilo de agente del Ministerio Público, el testigo protegido Víctor Hugo declaró:

> Todos ellos eran albañiles a quienes se les contrató para que realizaran los trabajos de construcción de un túnel en Tijuana y a los que también se les había encomendado el mismo trabajo en Ciudad Juárez. Sin embargo, derivado de la inconformidad de estas personas por no haber recibido su pago, amenazaron con denunciar estos hechos, siendo ésta la razón por la cual fueron ejecutados; ejecución en la que no participé, pero sí lo sé por haber escuchado la orden. Y dicha orden la dio Román.

Con el tiempo se sabría que fue Édgar Valdés Villarreal, *la Barbie,* el autor intelectual de la masacre, por causas que van desde que algunos de los albañiles (nativos de Veracruz, Puebla y Oaxaca) se habían convertido en narcomenudistas y fallado a la hora de pagar su mercancía, hasta la más probable: que algunos de ellos, familiares que también se hospedaban en la vecindad, ganaban algún dinero como travestis por las noches y habrían tenido dificultades con *la Barbie*, con fama de ser bisexual.

Tres días después del hallazgo de las dos docenas de hombres asesinados en Ocoyoacac, ocurriría otro episodio en el que hay tres inocentes detenidos. Aunque ya transcurrieron cinco años y medio, las autoridades aún no reconocen la autoría real del ataque a una multitud reunida para el Grito de Independencia, la noche del 15 de septiembre, en la plaza principal de Morelia, con saldo de ocho muertos y más de 100 lesionados.

Conocido el episodio como "las granadas de Morelia", la autoridad recibió sin chistar a los detenidos que a su vez entregó el grupo delincuencial La Familia Michoacana, luego dividido, de donde surgieron Los Caballeros Templarios.

La subprocuradora de Investigación Especializada en Delincuencia Organizada, Marisela Morales —quien ascendería a procuradora de la República por este y otros "logros" inventados, como su famosa Operación Limpieza que llevó a prisión a funcionarios inocentes, liberados en el siguiente sexenio—, presentó a tres hombres: Juan Carlos Castro Galeana, Alfredo Rosas Elisea y Julio César Mondragón Mendoza, como supuestos lanzadores de las granadas de fragmentación sobre la muchedumbre inerme. Los señaló como integrantes del grupo criminal Los Zetas.

Se trata de otra fabricación de culpables de las que hizo gala en esos años el gobierno de Felipe Calderón, pues los inculpados eran mecánicos y empleados que la noche del grito estaban a 400 kilómetros de Morelia, en Lázaro Cárdenas, según testimonios de familiares y vecinos que la autoridad jamás ha tomado en cuenta.

Ahora sé que el autor de esta infamia de torturar y encerrar a tres inocentes, con tal de aparentar haber dado solución al primer caso de "narcoterrorismo" en México, fue el general Mario Arturo Acosta Chaparro, asesinado cuatro años después en la ciudad de México. Acosta, como reseñamos antes, fue el operador del trabajo sucio del presidente Felipe Calderón, pues en su nombre se reunió para negociar con los principales capos de la delincuencia organizada en el país. Entre los servicios prestados al mandatario panista se incluye este atroz atentado que sirvió para desatar persecuciones y repartir culpas en México y desde Estados Unidos. Si hubo necesidad de inventar culpables, cabe preguntar quién sacrificó estas vidas y sembró el terror en la tierra natal del propio Calderón Hinojosa. (En el contexto de "la segunda muerte" de Nazario Moreno, *el Chayo*, en marzo de 2014 se publicó que él y Jesús *el Chango* Méndez ordenaron el atentado con granadas a la multitud para culpar a Los Zetas, versión esta última que avaló Acosta Chaparro para "solucionar" el caso. Méndez fue detenido en junio de 2011 y ambos habrían contado con la complicidad del gobierno.)

Marisela Morales reveló, como si tal cosa, que "el 24 de septiembre se recibió una denuncia anónima" según la cual las personas que lanzaron las granadas "estaban ubicadas en un domicilio de Apatzingán". En un asunto que entonces parecía demasiado oscuro, los tres presuntos narcoterroristas estaban golpeados, maniatados y a disposición de la autoridad. Se creyó que los había capturado y puesto ahí La Familia por iniciativa propia, pero hoy se sabe que fue en complicidad con el general Acosta Chaparro.

Mientras estos inocentes paganos del crimen colectivo siguen en prisión, un magistrado de Guadalajara dejó en libertad a Raúl Villa Ortega, *el R*, autor de la masacre de Ocoyoacac-La Marquesa (y uno de los ejecutores más sanguinarios de la organización de Beltrán Leyva), dizque porque sufrió un cateo ilegal, no obstante que la PGR confirmó que el cabello, la sangre y el material genético hallados en una de sus fincas correspondían a varios de los albañiles ejecutados. El mismo magistrado Fernando José de Jesús López, del Primer Tribunal Unitario Penal de Jalisco, en mayo de 2010 liberó al ex comandante de la policía de Huixquilucan, Antonio Ramírez Cervantes, con lo cual la tortura y ejecución de 24 personas quedó en la total impunidad.

El cateo invalidado por el magistrado, "porque no se respetaron las formalidades de la ley", ocurrió el 17 de octubre de 2008 en la finca de Paseo de la Herradura 178, colonia Jardines de la Herradura, en Huixquilucan, Estado de México, donde se hallaron cabellos y sangre de seis de los 24 ejecutados. No importó al juzgador el antecedente, mencionado en actas, de que *el R* habría sido el autor de la decapitación de cinco agentes aduanales del aeropuerto de la ciudad de México por la supuesta pérdida de un cargamento de cocaína.

Así culminó en la total impunidad la masacre de La Marquesa. La invención sobre la autoría de la matanza no anula el hecho real de que para entonces, en efecto, *el Chapo* y su organización hayan sido responsables al menos de 62 de los 120 túneles transfronterizos que habrían descubierto autoridades estadounidenses y mexicanas en dos décadas.

Lo anterior se dio a conocer en el contexto del hallazgo, por parte del ejército mexicano, de un megaplantío de mariguana: 120 hectáreas en El Mármol, en Ensenada, Baja California, el 12 de julio de 2011. La Secretaría de la Defensa Nacional le asignó un valor a la cannabis, de haber sido cosechada y comercializada, superior a los 160 millones de dólares.

De los pasadizos subterráneos más sofisticados que han sido ubicados estaba uno que va de una bodega en la garita de Otay, Tijuana, hacia San Diego. Allí fueron halladas 10 toneladas de mariguana y 147 kilos de cocaína, en un operativo el 30 de octubre de 2013. El narcotúnel, a 10 metros bajo tierra, tenía una longitud de casi 200 metros y estaba dotado de ventilación, iluminación y rieles para transportar la droga sin perder tiempo en cargarla.

Otra vía bajo el suelo apareció en San Luis Río Colorado, en Sonora, el 7 de julio de 2012. Ésta tenía revestimiento en las paredes para evitar derrumbes, iluminación con luz eléctrica, ventilación y carritos transportadores.

El 15 de noviembre de 2011, cerca del aeropuerto internacional de Tijuana, en la calle Camino Real del ex ejido Tampico, un túnel atravesaba hasta la calle Kerns, en Otay Mesa, ya en California, Estados Unidos. Allí, el día del hallazgo, había 7.9 toneladas de mariguana en 778 paquetes, a la cual se le atribuyó un valor superior a 47 millones de pesos.

Antes, en Sor Juana Inés de la Cruz, colonia Nueva Tijuana, la autoridad ubicó otra horadación que iba a desembocar a una bodega de Marconi Drive, otra vez en Otay Mesa, California. Ahí había 20 toneladas de cannabis. Cuando fue cerrado el subterráneo, las autoridades calcularon que ya habrían pasado de 200 a 300 toneladas, pues los vecinos informaron haber visto durante meses llegar a los transportes con costales y cajas de cartón y plástico.

Además de sus andanzas subterráneas, *el Chapo* fue insistentemente mencionado como colaborador activo del ejército en la persecución y el aniquilamiento de grupos nacientes de guerrilla rural en Guerrero, a cambio de inmunidad y de tener vía libre para el tráfico de drogas y el narcomenudeo en ese estado. Lo anterior, por medio de su personero en la entidad, el ganadero Rogaciano Alba, señalado como enemigo y posible autor intelectual del asesinato de la defensora de derechos humanos Digna Ochoa —como sostienen algunas organizaciones civiles—, aunque según la "verdad" oficial se trató de un "suicidio" de dos balazos el 19 de octubre de 2001.

Rogaciano solía enorgullecerse de que estaba pagando el hotel más caro del mundo: la zona militar, mediante un pago multimillonario que implicaba hospedaje y protección a sus actividades de tráfico de drogas. Terminó siendo detenido en Chapala, Jalisco, y enviado a prisión.

La proclividad a la delación fue una constante en la vida de Joaquín *el Chapo* Guzmán. Esto se corrobora inclusive en el reportaje publicado por Anabel Hernández, en la revista *Proceso*, en el cual narra cómo agentes de la DEA visitaron al capo sinaloense en la cárcel de Puente Grande e intentaron convencerlo de que los ayudara a capturar a los enemigos naturales del preso entonces: los hermanos Arellano Félix.

Quiere decir que Ismael *el Mayo* Zambada y su hijo *el Vicentillo* bien pudieron haber dado a Guzmán Loera una sopa de su propio chocolate.

El gobierno pasó del *Chapo* al *Chayo*

¿Alguien imagina que los capos de Michoacán pudieran tener tanto o más dinero que los traficantes de Sinaloa, los más famosos y exitosos en el mundo globalizado del tráfico de drogas?

La noticia, oculta hasta para los olfatos más adiestrados de investigadores policiales, universitarios y periodistas, es que ha resultado tan redituable la explotación clandestina de minas de hierro, que las organizaciones criminales deciden ya dejar de sembrar mariguana y cosechar goma de opio en Michoacán, porque es más fácil saquear los yacimientos ferríferos que abundan en la región.

(Ello no significa que México produzca menos cannabis y derivados de la amapola o adormidera, pues los gobiernos de Vicente Fox y Felipe Calderón decidieron dejar de fumigar plantíos vía aérea y dejaron que se *chatarrizaran* 108 aeronaves que estaban dedicadas a esa tarea en la PGR, y que fueron transferidas en diciembre de 2006 a la Secretaría de la Defensa Nacional y entonces México elevó en los recientes más de siete años su producción de estas drogas en un 50 por ciento. Tampoco el gobierno de Peña Nieto ha ordenado el ataque aéreo a los sembradíos, que florecen como nunca en el resto de las regiones productoras).

El Servicio Geológico Mexicano ubica al menos 23 minas en 12 municipios michoacanos, de las cuales 19.64% están concesionadas a empresas internacionales.

Entre las minas registradas se encuentran Tlalpujahua, Angangueo, Real de Otzumatlán y Titzio, Tiámaro, El Limón de Papatzingán, Tzintzinguaro, El Baztán, San Ignacio, San Lucas, Tiquicheo, San Diego Curucupaceo en La Huacana; Las Truchas, Los Pozos, Cerro Bola, El Ahijadero, El Jovero, El Costeño, Aquila, San Pedro, Arroyo Seco y La Verde. Aunque de estas minas se extrae oro, plata, cobre, cinc y otros metales, se contabiliza aquí la producción total oficialmente reconocida de material ferroso, que en 2012 era de cuatro millones de toneladas, contra sólo 3.1 millones en 2008.

El valor atribuido al mineral subió de 1669.1 millones en 2008 hasta 2362.9 millones en 2012, el cual es transformado en Arcelor Mittal Steel (Las Truchas y Vista Hermosa), Ternium-Las Encinas (Aquila), El Baztán (Huetamo), Compañía Minera Los Encinos (La Huacana) y Sago Import Export (Angangueo).

Lo que ocurre en realidad es que mucho más hierro va a parar de manera irregular a empresas concesionarias legalmente establecidas, y una cantidad aún mayor, y con mejor paga por tonelada, directamente a compradores chinos y coreanos que se han instalado en la región.

Hubo un tiempo en que el pago se realizaba con armas, según investigadores de la PGR. De esa forma se avituallaron los grupos criminales y más recientemente las autodefensas que se les oponen. Pero el fenómeno más preocupante es que, tanto entonces como ahora, circulan millones de dólares en efectivo cuyos destinatarios son los grupos criminales. Los Zetas comenzaron a explotar este negocio, desde hace unos 10 años, luego llegaron La Empresa, La Familia Michoacana y al final Los Caballeros Templarios. En la disputa por el control de las zonas productivas, ya hasta las autodefensas están entrando al negocio.

Todo esto se explica en reportes de investigación, en partes oficiales de policía y también en declaraciones de gente de la región que ha participado de manera activa en el trasiego de material de las minas. Son testimonios formales ante el agente del Ministerio Público federal. Allí, con cifras reales, inclusive se hacen cálculos sobre las ganancias que los líderes de Los Templarios obtienen mediante la explotación clandestina (es un decir, pues dicha explotación ocurre a la vista de todo mundo), pero también por el cobro de cada cargamento de hierro que forzosamente cruza por el territorio dominado por este cártel.

Si uno llega al final del razonamiento de lo que está ocurriendo en Michoacán en 2014, más allá de la toma del control político y de la seguridad y la procuraduría estatal por parte de la federación, a través de funcionarios llegados del Estado de México, con una estrategia a cargo del que he llamado "virrey" Alfredo Castillo, ex procurador mexiquense y hombre de todas las confianzas del presidente Enrique Peña Nieto, la violencia en municipios de Tierra Caliente, en la montaña y en la costa tiene fuentes de financiamiento en China.

Cuando terminaba de escribir estas líneas, apareció un reporte desde Zacatecas, donde se desarrollaba, antes de Semana Santa, un "Seminario internacional sobre megaminería, extractivismo y desarrollo en América Latina", en el cual se denunció que Los Caballeros Templarios participan desde hace años en la minería en varios niveles: primero en la extorsión a empresas para venderles seguridad y para mantener callados y sometidos a los pobladores cuando ven que nada perciben de las millonarias ganancias que extraen los concesionarios en tierras de su propiedad; después impulsando la extracción en predios irregulares, y finalmente pactando entregas de material ilegalmente obtenido con compradores chinos, al margen de la ley.

Describió este panorama el estadounidense Darcy Tetreault, investigador de la Unidad Académica de Estudios del Desarrollo, quien recordó que en octubre de 2012 el ex gobernador de Coahuila, Humberto Moreira, hablando del asesinato de su hijo, aludió a la complicidad de los concesionarios mineros con el crimen organizado. "Como buenos empresarios, los líderes de cárteles han diversificado sus actividades económicas, incluyendo a la minería."

En ese mismo seminario, el diputado del Partido del Trabajo, Juan Carlos Regis Adame, afirmó que en Zacatecas las empresas mineras están utilizando al crimen organizado para silenciar a la gente; se coluden criminales con las empresas para "venderles seguridad", y las corporaciones, en su mayoría extranjeras, pagan a cambio de mantener a comunidades rurales enteras sin quejarse ya de las mineras.

Pobladores desplazados de Aquila y dirigentes de la Coordinadora Nacional Plan de Ayala-Movimiento Nacional (CNPA-MN), en conversaciones por separado, describieron cómo Los Templarios mantenían a raya a los dueños originales de la tierra donde opera Ternium. Cuando lograron que la empresa italiano-argentina pagara una cantidad mínima por tonelada de metal extraída, los sicarios exigieron un porcentaje, que les significaba millones de pesos mensuales. Los Templarios también se dedicaron a extraer mineral de sitios irregulares no concesionados en Aquila, y la empresa se los compraba. Y, finalmente, grupos de autodefensa de Tepalcatepec, La Ruana, Buenavista y Coalcomán querían forzar a los pobladores de Aquila a sumarse a su ejército trashumante.

"Nosotros somos comunitarios solamente de Aquila y no de otros municipios", alegaban para no ser incorporados a una masa informe de autodefensas donde hay ex integrantes de La Familia Michoacana y de Los Templarios, traficantes y sicarios del Cártel de Jalisco Nueva Generación, junto con gente bien intencionada. Los comunitarios de Aquila seguían exigiendo la libertad de 40 de sus compañeros presos.

> Le hemos dicho al comisionado Castillo: ¿por qué hay un trato desigual para las autodefensas? A unos los financian, los acompañan y hasta los usan como informantes y como avanzada y les permiten capturar a supuestos templarios, y a otros, como los de Aquila, los desarmaron, los apresaron y en helicópteros se los llevaron a dos cárceles diferentes (Villa Aldama, Veracruz, y Mil Cumbres, Michoacán).

Los tambos de dólares del *Chayo*

Se puede afirmar que los gobiernos recientes, de cualquier signo partidario, obedecen a resortes de las exigencias mediáticas.

Solamente en 15 días el gobierno mexicano pasó de ensalzar el triunfo sobre la libertad del *Chapo* (su fuga en 2001 fue conseguida de la mano de la corrupción para abandonar una cárcel de "mínima seguridad"), a mostrar la mentira de que el fundador de La Familia Michoacana y de Los Caballeros Templarios, Nazario *el Chayo* Moreno, no sólo no fue eliminado en diciembre de 2010 en un enfrentamiento con policías federales y soldados, como lo anunció entonces a la prensa el vocero en materia de seguridad, Alejandro Poiré, luego secretario de Gobernación; sino que, por el contrario, *el Chayo* estaba vivito y actuando con su organización Los Caballeros Templarios hasta que, ahora sí, resultó abatido en marzo de 2014.

Pero otra vez se escamoteó la verdadera información a la opinión pública. *El Chayo* no fue liquidado por infantes de la Marina en un paraje a menos de 20 kilómetros de Tumbiscatío, en el camino que llega desde Aguililla y Nueva Italia, donde tenía su refugio. Cuando los marinos de élite llegaron al lugar, Nazario Moreno ya no respiraba: lo habían matado sus propios subordinados porque había hecho honor a su otro apodo: *el Más Loco,* y, ahíto de alcohol y droga, disparó y mató a dos de sus operadores. Antes de que continuara asesinando a más de su círculo cercano, entre varios lo tundieron a palos y a pedradas; ni siquiera con disparos, porque no lejos de allí estaban los escoltas que siempre lo cuidaban. Ocurrió que *el Chayo* se salió de su círculo de seguridad y fue hasta la casa donde estaban otros de sus sicarios y se volvió un energúmeno que los agredió. Había estado celebrando su cumpleaños número 44 desde el viernes y el sábado, y esto ocurría al amanecer del domingo.

Tal cual los ejecutores narraron los acontecimientos a los marinos, pero también les mostraron tres tambos de 200 litros donde *el Chayo* iba acumulando fajos de billetes de 100 dólares que obtenía su grupo de la venta de hierro a los chinos y a los coreanos. "¿Cuántos dólares le caben a tres tinacos de 200 litros?", me retó a que calculara uno de los comandantes que llegó al lugar ese 9 de marzo. "Unos ocho millones de dólares en cada tambo", aventuré, por decir cualquier cosa. Mis informantes solamente se rieron. "Bueno, pues los marinos le dijeron a los pistoleros que liquidaron *al Chayo*: 'Tomen lo que puedan con las dos manos y échense a correr… ¡En chinga!'"

El episodio terminó con los marinos llevándose el jugoso botín integrado por miles de fajos de billetes verdes. Sólo billetes de a 100 dólares.

Una de las más eficaces formas de mentir y de ocultar información a la opinión pública es decir verdades a medias, ofrecer datos verídicos pero encubiertos y fuera de contexto. Fue el caso de los tambos con dinero.

El día en que el gobierno federal informó oficialmente del abatimiento del *Chayo* Nazario Moreno, en un paraje a 13 kilómetros de la carretera que entra a Tumbiscatío, se habló de "varios indicios" que condujeron a "ubicar a este peligroso narcotraficante quien ordenó en 2007 [fue en 2006] las primeras decapitaciones que causaron asombro en México y que se registraron en Michoacán". Y se citó específicamente que el 4 de marzo (cinco días antes de la segunda y efectiva muerte del fundador de los Caballeros Templarios) "las fuerzas especiales encontraron tambos de plástico enterrados en Tumbiscatío, donde se almacenaban armas de grueso calibre; es así como el 7 de marzo pudieron llegar a un vehículo que usaba Nazario, contra quien se creó un cerco para lograr su captura". (¿Qué tiene qué ver el hallazgo de los tambos con armas y, en consecuencia, tres días después la ubicación del vehículo? Es algo tan falso como el culto que propició hacia sí mismo *el Chayo*, quien ya era adorado como un santo que hacía milagros, tenía nichos, altares, estatuas con su figura y oraciones, mientras seguía vivo y controlaba la delincuencia en Michoacán).

Al *Chapo* y al *Chayo* los unió el destino, no únicamente por la cercanía de las fechas en que uno y otro fueron "desactivados" (como ahora se estila decir), uno el 22 de febrero y otro el 9 de marzo de 2014, sino porque el gobierno de Enrique Peña Nieto se vio obligado a ofrecer evidencia pública de que Guzmán Loera estaba ya en su poder y que era el mismo de siempre, sólo que más avejentado, y de que Nazario Moreno había sufrido, ahora sí real, su segunda muerte oficial, pero en circunstancias distintas a las difundidas, como ya explicamos. Hubo fotos de uno y otro: de Guzmán Loera sometido y de Nazario Moreno abatido. Solamente que la autopsia de éste no muestra orificio alguno de disparos. Llamó la atención una hendidura profunda en una mejilla en el cadáver de Nazario Moreno. Los medios que publicaron la imagen aludían a una huella de cuando fue baleado en 2010. Pero en la narración de los testigos de su muerte, a manos de gente de su grupo, se especificó que le fue colocado un alambre de púas en la boca, amarrado a una estaca que hacía las veces de torniquete desde su nuca.

El gobierno se siente obligado a dar explicaciones públicas ante una ciudadanía que muestra cada vez más su desconfianza ante la autoridad, pues se ha comprobado que la autoridad puede inventar cualquier historia con tal de anotarse triunfos sobre la delincuencia, sean reales o espurios, estén apegados a una investigación seria o a la falsedad de imputaciones de testigos protegidos, valga decir pagados por el propio gobierno que —se ha probado hasta la saciedad— les ordena acusar a quien ya predeterminó como culpables una institución tan devaluada como el Ministerio Público, siempre actuando bajo consigna de superiores jerárquicos.

LA TUTA, MEDIO MILLÓN DE DÓLARES DIARIOS

Una sola mina, en Aguililla, tiene capacidad para procesar 3 000 toneladas diarias de mineral ferroso. Pero tan sólo el profesor Servando Gómez Martínez, *la Tuta*, líder de Los Caballeros Templarios, pudo controlar el paso cotidiano, por el territorio que domina desde Apatzingán a Tumbiscatío, pasando luego por Arteaga y hasta llegar al puerto de Lázaro Cárdenas, de unas 500 góndolas o cajas de tractocamiones que tienen capacidad de carga de 50 toneladas cada una.

La Tuta cobra peaje a razón de cinco dólares por tonelada. Las 500 góndolas significan 25 000 toneladas y le aportan un total de 125 000 dólares diarios. No solamente eso: Servando Gómez, nacido en 1966 en Arteaga, Michoacán, es dueño de 30% de esa mercancía, que es sacada de tierras de las que él se apoderó hace años. Si cada tonelada es pagada en 55 dólares por los compradores chinos, estaríamos hablando de unos 537 000 dólares para este capo diariamente.

Haciendo cuentas, esta cantidad de metal en bruto da más de nueve millones de toneladas anuales, más del doble que las reconocidas oficialmente en 2012 por la Secretaría de Economía, de donde depende el Servicio Geológico Mexicano.

Con semejante poderío, es normal que *la Tuta* se haya acostumbrado a llegar a los pueblos, en años recientes, repartiendo billetes de 200 pesos a la gente. Y también que, como cacique súper enriquecido, se dé el lujo de construir escuelas, regalar viviendas y hacer nuevos o mejorar viejos caminos serranos, y crear centros contra las adicciones cuyos huéspedes le sirven luego para el narcomenudeo. Igualmente tiene empresas constructoras con las cuales acapara las obras de los municipios que se hallan bajo su dominio.

En febrero de 2014, Servando Gómez, a quien le dio por conceder entrevistas a corresponsales extranjeros y a cadenas televisivas de otros países, le dijo a Tom Walker, del Canal 4 de la televisión británica, que se considera "una persona altruista" y que, puesto que el mundo no tiene arreglo, Los Caballeros Templarios son un mal necesario. "El mundo no lo vamos a componer, y esto es un negocio".

Al presumir su altruismo, recuerda que su madre le dijo, cuando era niño, "que yo nunca iba a tener dinero porque todo lo regalaba".

El gobierno federal ofrece una recompensa de 30 millones de pesos a quienes proporcionen información que lleve a la localización de este profesor que enfrenta una orden de aprehensión por delincuencia organizada y delitos contra la salud. *La Tuta* puede reunir esa cantidad en menos de dos meses, sin contar con lo que puede obtener de los laboratorios de drogas sintéticas que también controla.

Se trata seguramente de una balandronada, pero la *Tuta* le dijo a la cadena televisiva estadounidense Mundo Fox que hay alrededor de 10 000 integrantes de Los Caballeros Templarios en varios países, "no armados, sino con fines comerciales".

Si reducimos la cifra a 10%, habría mil "templarios" actuando en el extranjero. ¿Haciendo qué tipo de negocios? Ése es el tamaño del poderío que los propios traficantes de drogas, y ahora también contrabandistas de hierro, presumen sin rubor alguno frente a las cámaras.

La Tuta, o *el Profe*, como también se le conoce, exhibe su proclividad a la verborrea. Dispara contra todo lo que se mueva, sin ton ni son. En una entrevista de media hora con una enviada de la cadena Fox se hace rodear de gente embozada y con armas largas en una ladera, de manera que él queda en una parte alta para decir, entre otras cosas:

Todo empezó con Genaro García Luna [la persecución a La Familia Michoacana]. Y se me afigura [*sic*] que él va a pisar primero que yo la cárcel que él mismo construyó... El mejor actor que han tenido las televisoras es él, García Luna.

[...]

Entre las autodefensas y los líderes comunitarios ya se están peleando por las propiedades de las que se apoderaron.

[...]

Yo pago impuestos. Me descuentan del cheque como profesor.

[...]

Prefiero pedir perdón que pedir permiso. Yo no te voy a decir aquí lo que me robo, pero la gente necesita vivir y hay que darle dinero. Todo mundo viene y nos pide, todos los partidos llámense PAN, PRI, PRD.

[...]

El 80% de los que se llaman comunitarios son delincuentes. Y entonces estamos hablando de una guerra de delincuentes contra delincuentes; ellos están avanzando por todos lados, apoyados por las autoridades, robando a diestra y siniestra. Si vamos a pelear, hay harto terreno en la sierra y no tenemos que perjudicar la vida en los pueblos y en las ciudades.

Servando Gómez se autodefine como delincuente, pero "con categoría", pues "no voy a andar rapiñando ni haciendo chingaderas; yo no voy a robar las tienditas ni voy a andar pidiéndole al que vende enchiladas".

Es obvio que puede mantener una posición así de "digna" y de menosprecio a quienes sí cometen ese tipo de delitos, los que trabajan para él, pues tiene acceso a cientos de millones de dólares. Servando Gómez afirma que ellos no roban al gobierno ni a las instituciones, sino que "dan al pueblo lo que es del pueblo" y es entonces cuando menciona la increíble cifra de 10 000 templarios por el mundo "haciendo negocios".

Cuando escribo estas líneas aún no es perseguido *el Micheladas*, o *el Migueladas*, como llaman a Miguel Ángel Gallegos Godoy, quien durante años ha mantenido un bajo perfil aun siendo el encargado de las finanzas de Los Caballeros Templarios. Su problema es que, al independizarse tanto de *la Tuta* como del *Chayo*, cayó en la cuenta de que nunca tuvo un territorio propio. Y eso es una debilidad en el contexto michoacano. Quería apoderarse del que dejó vacío Nazario Moreno y entonces creó un grupo de gente armada que se metió a "rescatar" Nueva Italia. Se autonombraron Sociedad Civil Organizada en pro de las Autodefensas, e iban en más de 100 vehículos, que no hallaron oposición en su camino.

El Migueladas domina la región de La Huacana, de donde es originario aunque vive en Zicuirán. Además de contar con gente en otros municipios, se le señala como protector del actual alcalde de La Huacana, Alfonso Chávez Méndez, y del diputado Fernando Rosales Reyes, y como quien habría aportado 17 millones de dólares a la campaña para gobernador de Fausto Vallejo. Hay un video que lo acusa de haber entregado 200 millones de dólares a la campaña de Enrique Peña Nieto y de haber pactado con agencias de inteligencia de Estados Unidos su inmunidad (como el abogado Humberto Loya, como *el Vicentillo*, como los gemelos Margarito y Pedro Flores, como el colombiano Mauricio Harold Poveda *el Conejo*, entre otros conocidos), luego de ser señalado como receptor de cargas de cocaína de Pablo Escobar Gaviria hace más de 20 años (pues el capo fue abatido el 2 de diciembre de 1993).

Casi no hay líder de autodefensas sin antecedentes penales, incluyendo al doctor José Manuel Mireles, alguna vez acusado de traficar mariguana. O Luis Antonio Torres, *el Americano*, enemigo a muerte del ex encarcelado del primer grupo de autodefensas que se formó en Tierra Caliente, el de La Ruana, Hipólito Mora, ambos con acusaciones en Estados Unidos. Se le sindica como líder de un nuevo cártel denominado H3 por los rumbos de Buenavista, al cual también se atribuye financiamiento y liderazgo de parte del *Migueladas*.

El comisionado federal en Michoacán, Alfredo Castillo, fue duramente criticado cuando apareció acompañado por el ex miembro del Cártel del Milenio, Juan José Farías, *el Abuelo*, hermano de Uriel, ex alcalde de Tepalcatepec, acusado de nexos con el narcotráfico y uno de los imputados durante el llamado "michoacanazo" de 2009. A un tercer hermano se le acusa de secuestrador, de la misma manera que a Roldán Álvarez Ayala, ex munícipe de Apatzingán, se le imputa encabezar un grupo de extorsionadores ligados al Cártel de Jalisco Nueva Generación. Hipólito Mora, fundador de las autodefensas en La Ruana, fue arrestado y luego liberado por ordenar supuestamente los homicidios de Rafael Sánchez Moreno, *el Pollo*, y de José Luis *Nino* Torres, el 8 de marzo de 2014, aunque él lo negó y lo defendió el propio cura local José Luis Segura.

Este párroco de La Ruana dijo que las autodefensas cometieron el error de aceptar legalizarse como les propuso el gobierno: "Hicieron pacto con el diablo".

Agentes investigadores mencionaban ya al alcalde de Aguililla, Fructuoso Comparán; a su predecesor municipal, *Chuy* Cruz, primo del *Tena*, un peligroso templario; al *Gerber* Vallejo, hijo del gobernador; y a varios diputados y funcionarios locales que operaron para el triunfo del aspirante priísta en 2011 con dinero del narco. Ellos y otros políticos serían llamados a cuentas, pues no era suficiente con haber consignado al ex secretario de Gobierno y ex gobernador sustituto Jesús Reyna García, cuya esposa y la de Servando Gómez, *la Tuta*, al parecer son hermanas. Tampoco bastaba con culpar a políticos menores como el empresario transportista y ex diputado priísta José Trinidad Martínez Pasalagua o al alcalde de Tepalcatepec, Guillermo Valencia Reyes, por haber participado en una reunión con *la Tuta*. El abogado del transportista, Eduardo Quintero Madrigal, se apresuró a decir que su cliente sí estuvo en el encuentro, "pero previamente fue *levantado* por criminales para llevarlo a la reunión y eso no es un delito". Inclusive su defendido era víctima de extorsiones por parte de los criminales con los cuales lo pretenden asociar. Fue puesto en libertad.

El imperio Arcelor Mittal

Arcelor Mittal, la máxima productora de acero en el mundo, propiedad del magnate hindú Lakshmi Mittal, pagó 1439 millones de dólares en diciembre de 2006 para comprar Sicartsa (la vieja empresa paraestatal Siderúrgica Lázaro Cárdenas Las Truchas, privatizada en tiempos de Carlos Salinas de Gortari), ubicada en Michoacán y con miras a fortalecer y a expandir operaciones hacia Estados Unidos, Centroamérica y, por supuesto, la República mexicana.

"Vemos muchas oportunidades en los países al sur del río Bravo", dijo entonces Aditya Mittal, hijo del multimillonario indio, quien ocupa la dirección financiera de la empresa. "Con un crecimiento del mercado mexicano de más de 6% en los próximos 10 años, éste es el momento ideal para reforzar nuestra presencia en ese país", agregó durante una teleconferencia con analistas para hablar de la compra de Sicartsa al grupo mexicano Villacero.

"Creemos en la estabilidad de México, tenemos la plena seguridad de que aquí tienen una buena política para la inversión extranjera", añadiría entonces. Quién sabe si hoy opine lo mismo frente a un contexto de saqueo de minerales por parte de empresas chinas y la delincuencia organizada mexicana que trafica internacionalmente en sus narices, a través del puerto de Lázaro Cárdenas.

Porque esa es la pregunta fundamental: si el mineral se extrae ilegalmente de terrenos no concesionados o en litigio; si la mayor parte del hierro no se queda en las trasnacionales ubicadas en Michoacán, sino que viaja en enormes barcos chinos (con capacidad hasta de 100 000 toneladas), ¿cómo es posible que atraquen en el puerto michoacano durante varios días y que obtengan la autorización para ser cargados con el material que de manera ilegal proviene de yacimientos ferríferos?

Cuando las secretarías de Marina y de la Defensa Nacional asumieron, en noviembre de 2013, el control de la terminal marítima, escribí que ahora sí parecía que se le quería romper el espinazo financiero a la delincuencia organizada, pues con las fuerzas armadas vigilantes se estrangularía el ingreso de divisas por contrabando y se impediría la entrada de precursores químicos para la elaboración de drogas sintéticas y también se frenaría el tráfico de cocaína desde Sudamérica.

Eso no ocurrió. Ignoro si entran las efedrinas y las pseudoefedrinas necesarias para los laboratorios ilegales de drogas de diseño. No hay cifras respecto del tráfico de cocaína por Lázaro Cárdenas, pero sí es comprobable que hay miles de toneladas de mineral que de manera ilegal se envían a China. ¿Quién está otorgando los permisos? ¿O es que se está realizando el tráfico de manera irregular pero con anuencia de funcionarios que eluden los controles oficiales? ¿Qué dice la capitanía del puerto?

Me comenta un experto en el tema que éste es un escándalo que puede llegar hasta Atlacomulco, donde radica el centro del poder de México en este momento.

En ese contexto, suenan a promesas vanas las declaraciones del secretario de Hacienda, Luis Videgaray, pronunciadas en Washington, respecto de que México impondrá sanciones financieras a personas y empresas vinculadas con cárteles del narcotráfico, apoyándose en los listados de Naciones Unidas y de la Oficina de Control de Activos Extranjeros (OFAC) de los Estados Unidos.

La reforma financiera permite que Hacienda pueda elaborar sus propias listas e impida que se hagan transacciones con estos grupos o estas empresas señalados. Luis Videgaray ha dicho que el gobierno mexicano está por emitir el primer comunicado financiero sobre el tema. "Tomaremos una decisión dependiendo de la información que nos dé Estados Unidos sobre cada uno de los que están en la lista". Y de eso acababa de hablar con Jack Lew, secretario del tesoro del país vecino.

¡Pero si el tráfico de minerales mexicanos está ocurriendo todos los días a ojos vistas de las autoridades aduaneras, de control de puertos, de combate a la delincuencia, que están comisionadas en Lázaro Cárdenas! Se trata de miles de millones de dólares de empresas chinas que no pagan impuestos, como Chun Ju Mig, S. A. de C.V., y muchas más cuyos nombres y características ya tiene la autoridad y no necesita buscar ni en la ONU ni en la OFAC. Simplemente debería mirar cómo se cargan, para que zarpen cada tres o cuatro días después, los gigantescos cargueros chinos.

Un corresponsal holandés que andaba sobre la misma pista del mineral ilegal que se transporta a China compartió el anuncio que coloca en internet, en un sitio que es como el *Segunda Mano* de Estados Unidos, la empresa Shenzhen Golden E-Fast Technology Co. Ltd., domiciliada en Guangdong, China. Ofrece comprar cantidades mínimas de 10 mil toneladas de hierro hasta 200000 por mes, en un apartado con una foto de mina abierta con el título: "México Iron Ore 63.5". Se puede encontrar en http://m.alibaba.com/product/1747275101/MEXICO_IRON_ORE_63_5.html.

El excelente y puntual reportero que es Roberto González Amador publicó en *La Jornada*, en cuanto se dio la compra de Sicartsa, cómo su nuevo dueño poseía la mansión más cara en el mundo, que le costó más de 105 millones de dólares, ubicada en el lujoso barrio de Kensington, en Londres, en 2004. Recuerda que ese mismo año desembolsó otros 65 millones de dólares para la boda de su hija única, Vanisha, nada menos que en el Palacio de Versalles, a las afueras de París, considerado el enlace matrimonial más caro de la historia.

Puesto que Sicartsa era una empresa de tipo integral, además de sus instalaciones industriales y de transformación tenía yacimientos propios y concesionados de hierro. Esas superficies entraron en la negociación de compraventa y ahora son de Arcelor Mittal Steel. Con capacidad para procesar 2.7 millones de toneladas anuales de acero, Mittal se inició en México con reservas de unas 160 millones de toneladas, suficientes para soportar la producción de los 30 años siguientes.

Mittal Steel fue la primera empresa de Lakshmi Mittal, quien comenzó a comprar pequeñas fábricas en todo el mundo, como Iron and Steel Co., en 1989, en Trinidad y Tobago, pero llegó a adquirir Arcelor años después en 32 000 millones de dólares, con lo cual sumó 24 adquisiciones que lo convirtieron en el mayor magnate del acero en el mundo.

DOS ENFOQUES, DOS FRACASOS

Dos gestos públicos del gobierno de Enrique Peña Nieto daban la apariencia de pegar en el clavo para combatir a la delincuencia organizada:

1. No se iban a usar exclusivamente las armas y no habría continuismo en el paradigma punitivo, sino que se destinarían recursos para vivienda, infraestructura carretera, inversión de drenaje, agua potable, salud, educación y turismo, pero con acento en programas sociales en Michoacán.

2. Antes, en noviembre de 2013, la Marina, el ejército y policías federales "tomaron" el puerto de Lázaro Cárdenas y entonces creímos que se iba a evitar el ingreso de miles de millones de dólares ilícitos a la delincuencia michoacana.

En el primer caso hubo simulación, pues la mayor parte de lo que se anunció como "salvamento" ya estaba presupuestado, algunas inversiones se adelantaron para abultar las cifras y sólo se incrementó la ayuda social para incorporar a pobladores de Tierra Caliente a programas contra el hambre y la pobreza. "Michoacán, juntos lo vamos a lograr" de Peña Nieto se parecía mucho a "Todos somos Juárez" de Calderón. Hasta en la asignación idéntica de 3 000 millones de pesos en programas sociales.

Leí lo que un comentarista, a manera de consejo, sintetizaba: ni a plomazos, ni a billetazos se solucionan los problemas de inseguridad y de ingobernabilidad. El gobierno cantó victoria antes de tiempo y exageró el optimismo al decir que, una vez que se avanzó en controlar la delincuencia, ahora tocaba recuperar confianza y gobernabilidad.

Y no le faltaba razón al analista, si es que cada día nos enteramos de que más alcaldías entregaban cuotas mensuales a la delincuencia, daban las plazas y nóminas de policías locales para ser ocupadas por incondicionales de Los Templarios; si las obras públicas eran entregadas a empresas designadas por las mafias; si finalmente los candidatos eran nombrados con el respaldo delincuencial que vetaba o asesinaba a quienes quisieran ignorarlos… ¿Qué cambió en lo esencial para que ahora los recursos multimillonarios se vayan a invertir como Dios manda o como el gobierno programa?

Además del control municipal, la delincuencia organizada tenía sometidos a los pueblos mediante cobro de piso, aumento de precios, exigencia de porcentajes a exportadores de limón y aguacate, apoderamiento de la actividad minera exportando directamente barcos repletos de fierro a China; secuestros, extorsiones, asesinatos, violación de mujeres y niñas.

Abrir las puertas del erario para programas que sí buscan la reconstrucción del tejido social no era garantía de que todo iba a estar en orden y progresando. "¿Quién administraría ese dinero? ¿Los mismos alcaldes, síndicos, funcionarios que han cerrado los ojos para no ver a los capos moverse a sus anchas en Michoacán?", se preguntaba Epigmenio Ibarra cuando todavía escribía en *Milenio*.

Después me enteré de que algunos líderes de las autodefensas recibieron la oferta de que ellos manejaran recursos de programas productivos, y por eso apoyaban el desarme y todo lo que les pedía el comisionado Alfredo Castillo. Había cambio en apariencia, pero las recetas eran tan fallidas en el sexenio de Felipe Calderón como en el de Enrique Peña Nieto. De hecho entre ambos gobiernos, de distintos partidos, ni siquiera se cambió de escenario geográfico. Ése ha sido Michoacán, el laboratorio de dos administraciones sucesivas.

Siendo Michoacán su tierra de origen, fue el primer objetivo de Calderón una semana después de sentarse en Los Pinos (diciembre de 2006). Y esa misma entidad concentraba en 2014 la atención y las acciones del gobierno de Peña Nieto.

Una y otra administraciones invadieron Michoacán con ejército, Marina, policías federales, la PGR, ministerios públicos, helicópteros y transportes terrestres artillados. Sólo que la delincuencia organizada del 2006 nunca fue abatida, sino que creció exponencialmente y dominó territorios en los que durante años no hubo ya gobierno. Y hoy se agrega el problema de las autodefensas armadas que surgieron públicamente hace más de un año. Se dice que son producto del hartazgo y la impotencia de la ciudadanía al ver la ausencia de gobierno en sus comunidades, pero ya se estaban convirtiendo, a su vez, en incontrolables y en una amenaza para el futuro.

El renglón punitivo, el que logró abatir y capturar a líderes templarios, el que hizo retroceder de momento a los violentos y acorralarlos, con ayuda de las autodefensas, podía considerarse logro pírrico, no triunfo definitivo: no equivale a abatir, mermar y menos desestructurar y borrar del mapa a un cártel delincuencial, al que por cierto aún no se le arrebataban los recursos financieros.

Las autodefensas se presentan como respuesta natural contra un atroz sometimiento. Es una parte de la verdad, pero también fueron propiciadas por sectores del gobierno, consentidas por toda la estructura de mando estatal y federal. Y en sus filas, o directamente al mando de ellas, se han posicionado los enemigos de Los Templarios, los ex integrantes de La Familia, del Cártel de los Valencia o del Cártel de Jalisco Nueva Generación (es decir: Joaquín *el Chapo*

Guzmán y el Cártel de Sinaloa) y también templarios arrepentidos. El problema para el gobierno —¿o será que eso era precisamente lo que se buscaba?— es que pretendió desarmar a esos grupos demasiado tarde, cuando tenían más de un año de presencia pública y habían tomado ya el control de unas 70 comunidades en más de 30 de los 113 municipios michoacanos.

Por eso, parodiando el cuento más corto conocido, escrito por Tito Monterroso, he afirmado, entre broma y en verdad preocupado por el "Frankestein" que puede surgir de estos grupos: "Cuando el gobierno de Enrique Peña Nieto despertó, el dinosaurio de las autodefensas en Michoacán ya era incontrolable".

Pero la propia autoridad había consentido e inclusive acompañado a esas autodefensas y *el virrey* Castillo dialogaba y se apoyaba en viejos malandrines con piel de oveja.

He aquí algunas de las claves para entender la regresión de Michoacán hacia un estado fallido, con extensos territorios sin gobernabilidad: volvió a gobernar el PRI en 2011, cuando fracasó el intento de Calderón de imponer como gobernadora a su hermana Luisa María, candidata de Acción Nacional. Otros perdedores históricos fueron los desprestigiados gobiernos perredistas previos, a quienes se les escurrió el poder entre los dedos de las mismas manos que aceptaron dádivas de la estructura criminal, cohabitaron con la delincuencia y terminaron perdiendo el poder que tuvieron, sin pena ni gloria, durante años.

Estado piloto de la guerra antinarco de Felipe Calderón, en diciembre de 2006, en Michoacán se inauguró además el "narcoterrorismo" con granadas que mataron a ocho ciudadanos e hirieron a más de 100 la noche del 15 de septiembre de 2008 (con tres falsos acusados en prisión desde hace más de cinco años y medio). Laboratorio del "michoacanazo" de 2009, justo antes de las elecciones intermedias, que acusó a políticos de supuestos protectores del narco, ninguno de los cuales quedó en prisión. Entidad donde "nos bajaron a más de 50 candidatos", se quejaría Calderón en plena campaña de *Cocoa*, su hermana, para gobernadora, a finales de 2011.

"Ganó las elecciones el narco", dijo al sentirse perdedora Luisa María.

La Familia Michoacana nació con el sexenio de Calderón. Luego se escindió y surgieron Los Caballeros Templarios. Lograron echar de Michoacán a Los Zetas. Hoy la principal disputa es con el Cártel de Jalisco Nueva Generación, sospechoso de financiar y armar a grupos de autodefensas para que combatan a los Templarios. Pero Michoacán es apetencia de todos los grupos criminales del país, por su posición estratégica en el tráfico de todo tipo de drogas: una alta productividad de amapola y mariguana, una muy desarrollada industria de las drogas sintéticas, una entrada constante por aire, tierra y mar de precursores químicos y también de la cocaína que viaja desde Sudamérica con destino final en Estados Unidos.

El tema de las milicias civiles armadas michoacanas recorrió como una sombra ominosa la Cumbre Económica de Davos, en Suiza, en boca de tres huéspedes de Los Pinos. Enrique Peña Nieto les dio carta de naturalización a los irregulares; Felipe Calderón volvió a su vieja cantaleta de la corrupción de los municipios, y Ernesto Zedillo se limitó a decir que a México le hacen falta tres cosas: "Estado de derecho, Estado de derecho y Estado de derecho".

Con una sonrisa acompañó Zedillo esta admisión pública de lo que el experto Edgardo Buscaglia llama, en su último libro, los "vacíos de poder", esos que han conducido al país a su actual "estado de postración", a mostrarse como un "Estado ausente o corrompido".

Y aquí podemos concluir que no hay un cambio de paradigma en el combate del gobierno actual en contra de la inseguridad que campea en extensas regiones del país, que lo distinga de los dos sexenios panistas precedentes. Los signos son inequívocos:

- Se sigue sin mermar el poderío financiero de los capos de los grupos criminales.
- No hay acciones efectivas ni castigos ejemplares para impedir que municipios, estados y segmentos del poder federal sean penetrados por la delincuencia organizada. Los mecanismos de protección institucional a los grupos delincuenciales operan de maravilla con el lubricante de la corrupción.

- Para combatir al fenómeno globalizado del tráfico de drogas y más de una veintena de delitos asociados —trata de blancas, tráfico de migrantes y de armas, contrabandos varios, extorsión, cobro de piso, secuestros, fraudes con documentos y tarjetas de crédito, piratería, y hasta terrorismo— no bastan las embestidas militares, judiciales y policiacas, que se quedan en lo cosmético.

- Falta también el pacto político formal para iniciar el retorno al Estado de derecho en Michoacán y en todo el país. Ningún partido está libre de culpa ni de imputaciones públicas con nombre y apellido: ni el hermano incómodo del ex gobernador Leonel Godoy (el prófugo ex diputado Julio César Godoy Toscano), ni la hermana del ex presidente Calderón, Luisa María, mencionada con pelos y señales, con fechas y nombres de sus parientes protegidos por Servando Gómez, *la Tuta*… y ni el ex secretario de Gobierno, por un tiempo gobernador interino de Michoacán, Jesús Reyna, arraigado y consignado. Si los municipios, los partidos, el Congreso y el gobierno estatal estaban todos infiltrados por el narco, también lo están ya las autodefensas. Y, entonces, ¿quién lanzará la primera piedra?

- Los mexicanos estamos urgidos de que la seguridad pública y la seguridad nacional se transformen en seguridad humana. Cito otra vez a Edgardo Buscaglia:

"El foco de interés de la seguridad humana son el individuo y su comunidad, en contraste con la seguridad nacional que vela por la integridad y la estabilidad del Estado, y diferente de la seguridad pública que tiene un sello punitivo: más policías, más enfrentamientos con supuestos criminales, más arrestos y arraigos, penas más severas, pero sobre todo más sociedad civil lastimada. Urge una seguridad en la que los ciudadanos tengamos la palabra y ejerzamos plenamente nuestros derechos".

El colmo de las complicaciones en el caso Michoacán es que los grupos de autodefensas comenzaron a exportar ilegalmente toneladas de mineral por Manzanillo, que les queda hacia el nororiente y lejos del dominio de *la Tuta*, que es hacia el puerto de Lázaro Cárdenas. La sustracción ilegal de los yacimientos ya es una pinza delincuencial que abarca a los Templarios y a esos grupos que dicen haber nacido como sus enemigos acérrimos. ¿Quién dijo que se van a desarmar?

Caro Quintero: limpia fuga técnica

La liberación del ex jefe del *Chapo*, Rafael Caro Quintero, en agosto de 2013, fue sorpresiva solamente para autoridades mexicanas y estadounidenses que se descuidaron, estaban dormidas o, al menos, fingían no estar al tanto de sus amparos y otros recursos jurídicos que le dieron sucesivas victorias durante su enjuiciamiento.

Fue una fuga técnica, nada aparatosa, impecable, con los instrumentos jurídicos en la mano. Y cuando medio año después fue recapturado *el Chapo* hubo quienes vieron la presencia muy activa de su viejo jefe.

Rafael Caro Quintero ya estaba lejos del alcance de sus lentos perseguidores trasnacionales, quién sabe dónde (Nayarit, Jalisco, Colima, Sinaloa o Durango), pero exonerado de toda culpa en México, cuando Washington reaccionó para pedir su recaptura y su extradición.

La tardía, quizás vigente, pero políticamente extemporánea exigencia de las autoridades de California halló, sin embargo, eco inmediato en un obsecuente gobierno mexicano que ni siquiera se cuestionó la pertinencia de la extradición y pronto solicitó y obtuvo del juez sexto de distrito en procesos penales, Alejandro Caballero Vértiz, la orden de arresto con fines de entrega de Caro Quintero a Estados Unidos.

Primero se dijo que los órganos de inteligencia del país vecino hallaron la rendija del lavado de dinero en territorio estadounidense, delito por el cual el capo de los años ochenta no había sido juzgado en México. El tema es que no podría volver a ser enjuiciado por el secuestro, tortura y asesinato del ex agente de la DEA Enrique Camarena Salazar y el piloto mexicano Alfredo Zavala Avelar, pues el tratado de extradición prohíbe expresamente que alguien sujeto a una entrega binacional pueda ser juzgado nuevamente en el país vecino por los mismos delitos por los que aquí fue procesado. Tampoco —si alguna vez se lograra recapturar a Caro Quintero— podrá ser condenado a muerte o a cadena perpetua.

Empero, se supo que la corte federal del distrito central de California, en Los Ángeles, argumentó ocho de los 39 delitos que se le imputaban a Caro desde 1987 en su pliego petitorio de extradición: cuatro cargos de comisión de delitos violentos para asistir a la delincuencia organizada, uno por asociación delictuosa para el mismo fin, uno por asociación delictuosa para secuestrar a un agente federal, uno por el secuestro mismo de Camarena y uno más por homicidio grave del agente.

Lo que estallaría en horas de la mañana como estruendoso escándalo había ocurrido en total sigilo, en lo oscurito, cerca de las dos de la madrugada del viernes 9 de agosto de 2013, cuando el histórico capo de las drogas Rafael Caro Quintero abandonó el penal estatal de mínima seguridad, en Puente Grande, Jalisco. Su liberación pescó dormidos por igual a la Secretaría de Gobernación, a la Procuraduría General de la República, al Consejo de la Judicatura Federal y a la DEA, la agencia antidrogas de Estados Unidos. Todas estas instancias tenían buen rato confiadas en que al capo del Cártel de Jalisco (nacido en Sinaloa un 24 de octubre de 1952) le faltaba más de una década de encierro.

Además de que hubo una insólita y anómala secrecía de sus juzgadores, nadie se dio por enterado de que los focos rojos se encendieron, más de tres años antes, cuando Caro Quintero sacó el primer pie de la prisión: eso ocurrió en el momento mismo, mayo de 2010, en que logró ser transferido del penal de supuesta alta seguridad de Puente Grande (solo presunta, pues de allí se evadió en enero de 2001 Joaquín *el Chapo* Guzmán Loera y desde entonces se le rebautizó como "Puerta Grande") a una prisión local, ubicada en el mismo complejo penitenciario, pero con mucho más controles laxos.

Con más alegatos contra la forma que contra el fondo, Caro Quintero y sus abogados lograron descorrer uno a uno los cerrojos legales que lo mantuvieron cautivo durante 28 años. Pero tal como ocurre en materia política, en temas de narcotráfico y de justicia no existen las casualidades. En este caso la forma se convirtió en fondo. Y es difícil creer que no hubo necesidad de aceitar los mecanismos legales que favorecerían finalmente a Caro Quintero.

"Haiga sido como haiga sido", a nadie va a convencer, ni en México ni en el extranjero, que el envilecido sistema de justicia mexicano simplemente cumplió con su deber y dejó en libertad a Rafael Caro sólo porque el viejo proceso en su contra por haber asesinado al agente antidrogas de la DEA, Camarena Salazar, y a su informante y piloto mexicano, Zavala Avelar, debió llevarse en el fuero común y no en el federal. Una violación al debido proceso.

Para cuando Caro Quintero, por su propio pie, abandonó el encierro, ya habían pasado casi tres décadas desde aquel doble homicidio que causó gran impacto y que se tradujo en inaceptables intromisiones y violaciones a la soberanía mexicana y criminalización del gobierno de Estados Unidos sobre nuestro país, incluidos secuestros trasnacionales ilegales de mexicanos y un largo brazo extraterritorial de las cortes y los servicios de inteligencia de la nación del norte.

A falta de versiones confiables por parte de la autoridad, que se mostró pasmada, ignorante, lenta y confusa, ofreciendo versiones contradictorias y muy tardías (todo lo cual se traducía en una crisis de credibilidad debido a la falta de la mínima información), tenemos el inalienable derecho a analizar, inferir, sugerir, dudar, rebatir, e inclusive a especular, sobre las razones, los tiempos, las circunstancias, los intereses, los ocultamientos, las manipulaciones mediáticas y los aprovechamientos políticos del caso, el cual está muy lejos de poder ser puesto en blanco y negro.

Además de lo jurídico y más allá de la política doméstica, el caso Caro Quintero volvió a causar polémica por los usos y costumbres de nuestra diplomacia, siempre dispuesta a colaborar con los dictados de la potencia mundial hegemónica con la cual, por fatalidad geográfica, compartimos más de 3 000 kilómetros de frontera.

1) Algo sospechaban el Departamento del Tesoro de Estados Unidos, la Oficina de Control de Bienes de Extranjeros (OFAC) y la DEA cuando, en junio de 2013, incluyeron en una lista negra a 18 parientes y a 15 empresas vinculadas con Caro Quintero, considerado por el documento fundador del Cártel de Guadalajara. La alerta actualizó datos de Caro Quintero y lo colocó en primer sitio en la lista internacional de los delincuentes "más buscados", seguido del capo Vicente Carrillo y del terrorista Haji Ibrahim, lo que no se tradujo en petición expresa de extradición. Washington prohibió a sus ciudadanos realizar transacciones financieras o comerciales con los designados y congeló cualquier activo que pudiera existir bajo jurisdicción de Estados Unidos. La esposa María Elizabeth Elenes Lerma; los hijos Héctor Rafael, Roxana Elizabeth, Henoch Emilio y Mario Yibran Caro Elenes; la nuera Denisse Buenrostro Villa; el "asistente particular" Humberto Vargas Correa, y la familia Sánchez Garza, fueron señalados como posibles lavadores de dinero del viejo capo, a través de una gasolinera, empresas de productos de baño y belleza, zapaterías; un spa y centro turístico, inmobiliarias y constructoras, restaurantes y piscinas.

2) Junto con Caro Quintero estaría lavando dinero en esos negocios Juan José Esparragoza Moreno, *el Azul,* líder histórico del Cártel de Sinaloa, según el Tesoro de Estados Unidos. A esto hay que agregar que el apellido Elenes de la esposa y los hijos de Caro Quintero coincide con el de la sobrina de Joaquín *el Chapo* Guzmán (Claudia Adriana Elenes Salazar), capturada en 2005 junto con *el Chapito,* Iván Archivaldo Guzmán Salazar, hijo del capo más importante del país. Ambos, arrestados en 2005, libraron acusaciones de presunto lavado de dinero. Por lógica, su socio *el Azul* y su pariente *el Chapo* le ofrecerían una cobertura para no ser recapturado. O caían los tres o no caía ninguno.

3) Quienes podrían enfrentar serios problemas son los magistrados Lucio Lira Martínez, José Félix Dávalos y Rosalía Isabel Moreno Ruiz, integrantes del Primer Tribunal Colegiado en Materia Penal del Tercer Circuito, porque según la PGR es "inadmisible" que, al decretar la libertad de Caro Quintero, contradijeron jurisprudencia expresa de la Suprema Corte al respecto; tampoco reportaron su decisión al Consejo de la Judicatura Federal. Este mismo Primer Tribunal Colegiado antes resolvió amparos claves para la libertad de Caro, como en abril de 1997, cuando le otorgó el que anulaba la condena a 40 años por el secuestro y homicidio de Camarena Salazar y Zavala Avelar, y también el que autorizó la salida del capo del penal federal de alta seguridad de Puente Grande hacia la cárcel estatal hacía ya 27 meses.

La impoluta y quirúrgica obtención de su libertad, esa huida técnica de Rafael Caro Quintero, auguraba el definitivo retiro de su carrera de traficante. Pero la presión del gobierno de Barack Obama para que México lo recapture y lo entregue con la intención de hacerlo pasar el resto de sus días tras las rejas, casi seguramente lo obligará a volver a sus viejas actividades, en las que hallaría el poder, la logística, la contrainteligencia, el resguardo físico, los círculos humanos de seguridad, la capacidad económica para comprar voluntades y la complicidad de la autoridad; armas, vehículos, múltiples casas de seguridad, todo el andamiaje de protección para evitar ser capturado por segunda ocasión en su vida y ser encerrado para siempre. Exactamente igual que los otros inasibles capos sinaloenses que son sus parientes, sus paisanos, sus amigos.

Ironías del destino: quien terminó siendo recapturado fue su ex pistolero Guzmán Loera. En cambio, Rafael Caro Quintero continuaba en libertad y hasta el ex agente de la DEA, Héctor Berréllez, especulaba que volvería a ser el capo de capos de Sinaloa una vez capturado *el Chapo* Guzmán.

¿Y DE VERDAD FUE ASESINADO CAMARENA?

A propósito, Rafael Caro Quintero, considerado jefe del Cártel de Jalisco negó durante más de 20 años haber cometido el asesinato del agente de la DEA Enrique Camarena Salazar y del piloto mexicano Alfredo Zavala Avelar. Ni siquiera cree que los asesinatos hayan sido cometidos, según argumenta en un extenso desplegado que mandó publicar a principios de 1993.

Para refrescar la memoria histórica, más allá de las "verdades" que se imponen a la sociedad desde el poder, recordaré aquí los alegatos que hizo Caro Quintero en ese escrito, cuando estaba en el Centro Federal de Rehabilitación Social de Almoloya y ya había cumplido ocho años prisionero, pues fue capturado en San José, Costa Rica, en abril de 1985.

Desde 1991 contrató a "un equipo interdisciplinario de reconocidos y honorables científicos mexicanos en medicina legal, odontología forense, criminalística, química forense, grafoscopía, arquitectura restaurativa y antropológica" para analizar todas y cada una de las constancias de los procesos que se le siguieron por supuestos homicidios contra Camarena y Zavala, pero también otros presuntos asesinatos que se le atribuyeron en 1991: los de Albert G. Radelat y John Clay Walker.

La autoridad examinó dos cuerpos supuestamente pertenecientes a Radelat y Clay Walker, cuatro meses y medio después del doble homicidio. Pero se demostró que las osamentas tenían más de un año de antigüedad y correspondían "a individuos de origen mesoamericano y no caucásico" según la investigación.

En el caso de Camarena Salazar y Zavala Avelar, los restos hallados en el rancho El Mareño, en Michoacán, el 5 de marzo de 1985, pertenecían a personas con 48 a 96 horas de muertas (dos a cuatro días), mientras que en el expediente 82/85 y otros seis acumulados se afirmaba que el homicidio había ocurrido entre 20 y 25 días antes.

Caro Quintero hoy no tiene la necesidad de convertirse otra vez en el "capo de capos" del Cártel de Sinaloa, contrario a lo que vaticinó Héctor Berréllez, el jubilado agente de la DEA que en su momento investigó el secuestro, la tortura y el asesinato de Enrique Camarena Salazar y Alfredo Zavala Avelar.

Berréllez se pregunta cómo fue posible agarrar al narco más grande del mundo, *el Chapo* Guzmán, con más millones que Pablo Escobar, como una rata…

"Eso fue un arreglo. Si no, se habría dado una balacera tremenda." Berréllez opinó que el presunto pacto seguramente ha de incluir no ser extraditado a Estados Unidos. Sólo que este agente jubilado de la DEA tampoco dijo una palabra sobre qué sucedería con la fortuna acumulada por Guzmán Loera.

"No hay duda de que la salida de Caro Quintero está vinculada con la recaptura del *Chapo*", insistió Berréllez en conversación con la agencia española EFE, pero no explicó de qué manera.

Caro Quintero tiene ya bastantes problemas como para que lo refundan de por vida en una cárcel de Estados Unidos. A menos que tuviera la capacidad de negociación para pactar su libertad y favorecer un pacto del capo que hace décadas fue su empleado.

"Guzmán Loera había dejado de contar con la cobertura del gobierno mexicano y Washington presionó para que finalmente la administración de Peña Nieto lo dejara descobijado, sin esa protección." En estricto sentido, una entrega y una traición.

Índice onomástico

Aburto Martínez, Mario, 46, 66

Aceves, Antonio, 27

Acosta Chaparro, Mario Arturo, 28-29, 155-156

Administración para el Control de Drogas (DEA, por sus siglas en inglés), 12, 13, 16, 17, 20, 21, 30, 31, 32, 49, 51, 54, 63, 64, 65, 70, 78-85, 94, 97, 130, 132, 138, 139, 146, 159, 190-193, 196, 197, 198

Agencia Central de Inteligencia (CIA, por sus siglas en inglés), 18, 19, 20, 32, 34, 53, 80, 85, 86, 175, 190, 193

Agencia EFE, 24, 198

Agencia Federal de Investigación (AFI), 152

Aguilar Gallego, Carlos, *Mugre*, 125

al Zawahiri, Ayman, 32

Alba Álvarez, Rogaciano, 158-159

Álvarez Ayala, Roldán, 176

Álvarez Palafox, Fred, 27

Andrade Jardí, Julián, 65-66

Ántrax, Los, *Grupo Ántrax*, 39, 68

Aponte Gómez, Manuel Alejandro, *el Bravo*, 10-11, 41, 47, 55, 88-89

Arcelor Mittal Steel, 162, 177-181

Aréchiga Gamboa, José Rodrigo, *el Chino Ántrax*, 40, 42

Arellano Félix, hermanos, 149, 159

Arrieta Padilla, Carlos Gustavo, 125

Asesinato de un cardenal, ganancia de pescadores (Jorge Carpizo y Julián Andrade), 65-66

Associated Press, 27, 33

Avendaño Arango, Jorge Eduardo, *Tato*, 125

Ávila Villegas Eruviel, 64

Aznar López, José María Alfredo, 147

Banco de los Trabajadores (Colombia), 122

Banco de México, 96

Bank of America, 95

Bayardo del Villar, Édgar Enrique, 64, 65

Bayardo Robles, Jesús Alberto, *el Gory*, 65-66

Beltrán del Río, Pascal, 18

Beltrán León, Félix, 93

Beltrán Leyva, Arturo, *el Barbas*, 19, 75, 112

Beltrán Leyva, Alfredo, *el Mochomo*, 48, 59, 75-76, 77

Beltrán Leyva, Carlos, 75

Beltrán Leyva, Gloria, 61

Beltrán Leyva, Héctor, 59

Beltrán Santana, Leonardo, 150

Berréllez, Héctor, 196, 197

Betancur Montoya, John Jairo, *Icopor*, 125

Bin Laden, Osama, 16, 19, 29-32, 143

Blake Mora, Francisco, 112

Blog del Narco, 69, 72

Bonilla Arizmendi, Ricardo, *Jesús Lona López, el Tío*, 145

Buenrostro Villa, Denisse, 194

Bulger, James, *Whitey*, 32

Buró Federal de Investigaciones (FBI, por sus siglas en inglés), 30, 32, 85

Oficina de Control de Activos Extranjeros (OFAC, por sus siglas en inglés), 70, 71, 72, 179, 180, 193

Burton, Fred, 19-20

Buscaglia, Edgardo, 92, 187, 188

Caballero Vértiz, Alejandro, 190

Caballeros Templarios, Los, 9, 20, 154, 163-168, 170, 171, 172, 174, 182, 184-186, 189

Cabanillas Acosta, Agustina, 50

Calderón Hinojosa, Felipe, 61, 86, 96, 102-104, 108-115, 134-136, 145, 155, 161, 182, 183, 185-188

Calderón Hinojosa, Luisa María, *Cocoa*, 185-186, 188

Camarena Salazar, Enrique, *Kiki*, 54, 190-192, 195, 196-198

Cárdenas Guillén, Osiel, *el Mata Amigos*, 53, 66, 108

Caro Quintero, Rafael, 54, 105, 189-196

Carranza Báez, Miguel Ángel, *el Kala*, 146

Carrillo Fuentes, Amado, *el Señor de los Cielos*, 28, 37, 75

Carrillo Fuentes, Rodolfo, *el Niño de Oro*, 75

Carrillo Fuentes, Vicente, *el Viceroy*, 77, 194

Cártel de Cali, 84, 116, 120, 122

Cártel de Jalisco Nueva Generación, 55, 166, 176, 184, 186, 191, 196

Cártel de Medellín, 13, 84, 119, 124, 125

Cártel de Sinaloa, 10, 14, 39, 46, 47, 48, 49, 58, 63, 65, 66, 68, 71, 72, 76, 80, 81, 82, 83, 89, 94, 100, 106, 129, 130, 132, 133, 135, 137, 142, 146, 148, 152, 185, 194, 197

Cártel del Golfo, 146

Castillo, Rubén, 81, 85

Castillo Cervantes, Alfredo, 164, 166, 175, 183, 185

Castro Galeana, Juan Carlos, *el Grande*, 154

Castro Pantoja, Jesús, *el Chabelo*, 145

Cely Núñez, Édgar Augusto, 23

Centro de Investigaciones y Seguridad Nacional (Cisen), 45, 93, 101-103

Chávez, Gregorio, 93

Chávez Méndez, Alfonso, 174

Colder, Karl, 70

Colosio, Luis Donaldo, 46

Compañía Minera Los Encinos, 162

Comparán Rodríguez, Adalberto Fructuoso, 176

Concha, Lilián de la, 147

Coordinadora Nacional Plan de Ayala (CNPA), 165

Coronel Aispuro, Emma, 15, 16, 32, 34, 44, 50, 52, 58, 62, 63, 70, 87, 92, 147, 148

Coronel Aispuro, Inés Omar, 62

Coronel Barreras, Inés, 62, 70, 86

Coronel, Emma, 14

Coronel Villarreal, Ignacio, *Nacho*, 62, 147

Corrales, Jesús Andrés, *el Bimbo*, 39

Cosa Nostra, 30, 31

Costa, Antonio María, 99

Cruz García, Marco Antonio, 145

Cruz Mendoza, Fernando, *el Tena*, 176

Cruz Valencia, Jesús, *Chuy*, 176

Cuén Lugo, Omar Guillermo, 40

Dávalos Dávalos, José Félix, 195

Departamento de Justicia (EUA), 12, 71, 78, 81, 82, 139,

Departamento del Tesoro (EUA), 62, 70, 71, 179, 193, 194

Devia Silva, Luis Edgar, *Raúl Reyes,* 22

Deyel, Kristen, 60

Diario de Tijuana (portal de noticias), 93

Díaz Bedoya, Carlos, *la Garra*, 125

Díaz Ramos, Dimas, *el Dimas, el Seis*, 136

Drogas La Rebaja, 116, 122, 123

Echeverri Valencia, Iván, 125

El Baztán, 162

El Debate (diario), 136

El Diario de Juárez (diario), 19

El Financiero (diario), 79

El Nuevo Herald (diario), 27

El País (diario), 102, 124

Emeequis (revista), 133

Empresa, La, 163

Escobar Gaviria, Pablo Emilio, *el Patrón*, 13, 84 107, 119, 120, 124-129, 175, 198

Escobar Gaviria, Roberto de Jesús, *el Osito*, 125

Esparragoza Monzón, Juan José, 61

Esparragoza Moreno, Juan José, *el Azul*, 10, 47, 61, 83, 194, 195

Esquivel, J. Jesús, 81

Estrada Cajigal, Sergio, 61

Excélsior (diario), 18, 24-25, 44, 57, 74

Familia Michoacana, La, 9, 107, 136, 154, 156, 163, 166, 173, 184, 186

Fardon, Zachary T., 84

Farías Álvarez, Juan José, *el Abuelo*, 175

Farías Álvarez, Uriel, 175

Fernández de Cevallos, Diego, *el Jefe*, 24-25

Fernández Domínguez, Daniel, *el Pelacas*, 43

Flores, Margarito (hijo), 79, 81, 129-139, 175

Flores, Margarito (padre), 79

Flores, Pedro, 79, 81, 129-139, 175

Forbes (revista), 10, 13, 30, 31, 38, 79, 92, 94, 99, 131

Fox Quesada, Vicente, 24, 25, 27, 147, 161

Fuerzas Armadas Revolucionarias de Colombia (FARC), 21-23

Galeano Berrio, Fernando, *el Negro*, 127

Gallegos Godoy, Miguel Ángel, *el Micheladas*, *el Migueladas*, 174-175

Galván Galván, Guillermo, 21, 29

García Díaz, Odilón, 93

García Luna, Genaro, 70, 86, 135, 173

García Simental, Teodoro, *el Teo*, 14, 75

Gaviria Trujillo, César Augusto, 124, 127

Gente Nueva, la, 68

Godoy Toscano, Julio César, 188

Godoy Toscano, Leonel, 188

Gómez Martínez, Servando, *la Tuta, el Profe*, 170-177, 188, 189

Gómez Núñez, Óscar Manuel, 44

González Amador, Roberto, 180

González Franco, Gustavo, *Tavo*, 125

González Franco, Otoniel, *Otto*, 125

González Martínez, Héctor, 143

González Ruiz, Samuel, 66

Greiff Restrepo, Gustavo de, 127

Gulliver, Stuart, 95

Guzmán Bustillos, Emilio, 45, 77

Guzmán Coronel, Emmaly Guadalupe, 15, 16, 32, 44, 52, 92, 128

Guzmán Coronel, María Joaquina, 15, 16, 32, 44, 52, 92, 128

Guzmán Hidalgo, Ernesto, 77

Guzmán Loera, Arturo, *el Pollo*, 51, 59, 66, 145, 176

Guzmán Loera, Aureliano, 45

Guzmán Loera, Emilio, 45

Guzmán Loera, Joaquín Archivaldo, *el Chapo*, 9-14, 15-23, 29-55, 57- 62, 67-78, 85-89, 91-96, 101-113, 129-139, 141-159, 161-170, 189-198

Guzmán Loera, Miguel Ángel, *el Mudo*, 67

Guzmán López, Edgar, 50, 59

Guzmán López, Griselda Guadalupe, 58, 67, 92

Guzmán López, Joaquín, 58

Guzmán López, Ovidio, 58

Guzmán Núñez, Patricia, 77

Guzmán Salazar, Alejandrina Giselle, 44, 58

Guzmán Salazar, César, 44, 58

Guzmán Salazar, Claudette, 58

Guzmán Salazar, Iván Archivaldo, *el Chapito*, 44, 58, 59, 60, 67, 194

Guzmán Salazar, Jesús Alfredo, 44, 58

Hernández, Anabel, 159
Los señores del narco, 150

Herrera Valles, Javier, 153

Higuera Gómez, Marco Antonio, 11

Hijos de Hernández, los, 68

Hinojosa Villegas, Mario, 50

Historia del Cártel de Cali (Camilo Chaparro), 119

Historia del narcotráfico en México (Guillermo Valdés Castellanos), 103

Holder, Eric, 135

Hoo Ramírez, Carlos Manuel, *el Cóndor*, 11, 16, 39-42, 43, 46, 47, 53, 54, 55, 88, 129, 144

Hong Kong and Shangai Banking Corporation (HSBC), 95

Hurtado Arango, Marta Luz, 125

Ibarra Almada, Epigmenio Carlos, 183

Ibarra Reyes, Francisco Javier, 11

Ibrahim, Dawood, 31

Ibrahim, Haji Ehai, 194

Interpol, 30

Iron and Steel Co., 181

Jewett, John W.,14

Jesús Agudelo, Álvaro de, *el Limón*, 129

Kabuga, Felicien, 30, 32

Kennis, Andrew, 133, 134

Kony, Joseph, 32

La Jornada (diario), 25, 180

La Nación (diario), 118

Labastida Ochoa, Francisco, 70

Latapí, Alejandro, 147

Lazcano Lazcano, Heriberto, *el Lazca*, 11, 28, 86, 87, 111

Lew, Jack, 179

Lira Martínez, Lucio, 195

Loera Pérez, Consuelo, 45, 46

López Caro, Dámaso, *el Mini Lic*, 11, 40, 67-69, 72

López López, Fernando José de Jesús, 156

López Núñez, Dámaso, *el Licenciado*, *el Lic*, 11, 40, 47, 68-70

López Obrador, Andrés Manuel, 102

López Pérez, Griselda, 58, 67, 92

López Urías, Ángel, 50

Loya Castro, Humberto, 82, 85, 132, 139, 175

Lozano Carbayo, Pilar, 124

Luna Altamirano, Jesús Guadalupe, 59

MacBride, Neil H., 70

Macedo de la Concha, Rafael, 25, 144

Macías Amarillas, María Luisa, 50

Maciel Degollado, Marcial, 148

Martín Huerta, Ramón, 112

Martínez, Arnoldo, *el Trece*, 146

Martínez Herrera, Arturo, *el Texas*, 151

Martínez Méndez, Marco Tanil, *Román*, *el Patrón*, 153

Martínez Pasalagua, José Trinidad, 176

Martínez Rocha, Víctor Hugo, 153

McCaul, Michael, 42

McGahan, Jason, 133-134, 137

Medina Mora, Eduardo, 102

Méndez Vargas, José de Jesús, *el Chango*, 155

Messina Denaro, Matteo, 30, 31

Michaelson, Alvin, 139

Milenio (diario), 148, 183

Mireles Valverde, José Manuel, 175

Mittal, Aditya, 177

Mittal, Lakshmi Narayan, 177, 181

Mittal Bhatia, Vanisha, 180

Mogilevich, Semion, 30, 31

Moncada Cuartas, Gerardo, *Kiko*, 127

Moncada Cuartas, William, 127

Mondragón Mendoza, Julio César, 154

Monex, 96

Mora Chávez, Hipólito, 175, 176

Morales Ibañez, Marisela, 36, 154, 156

Moreira Valdés, Humberto, 164

Moreno, Federico A., 117

Moreno González, Nazario, *el Chayo*, *el Más Loco*, 9, 20, 86, 129, 136, 155, 166-169, 174

Moreno Ruiz, Rosalía Isabel, 195

Mouriño, Juan Camilo, 60, 112

Movimiento Nacional (MN), 165

Muñoz Rodríguez, Soraya, 122

Muñoz Román, Frida, 50

Napolitano, Janet, 29,

Naranjo Trujillo, Óscar Adolfo, 23

Nuevos Rebeldes, Los, 68

Obama, Barack, 19, 20, 43, 78, 81, 195

Ochoa Palacios, José Arturo, 46

Ochoa Vásquez, hermanos, 126

Ochoa y Plácido, Digna, 158

Oficina de Control de Bienes de Extranjeros (OFAC), 70-72, 179, 180, 193

Operación Crank Call, 41

Operación Gárgola, 35

Operación Limpieza, 154

Operación Rápido y Furioso, 132

Operación Sodoma, 23

Organización de las Naciones Unidas (ONU), 99, 180

Oficina para las Drogas y el Crimen, 99

Ortiz Medina, Gerardo, 68

Ospina, José Fernando, *el Mago*, 125

Padgett León, Humberto, 96

Palma Salazar, Héctor, *el Güero*, 55, 151

Palomares Melchor, Juan Mauro, *el Acuario*, 146

Partido Acción Nacional (PAN), 25, 173

Partido Revolucionario Institucional (PRI), 18, 96, 105, 109, 112-113, 173, 185

Peña, Jesús, *el 20*, 39

Peña Nieto, Enrique, 14, 17, 23, 31, 33, 87, 162, 164, 169, 175, 181-183, 185, 187, 198

Pequeño García, Ramón Eduardo, 135-136

Pérez Urrea, Marco, *el Pitaya*, 39

Poder Judicial de la Federación (PJF), 36

Poiré, Alejandro, 29, 86, 167

Policía Federal Preventiva (PFP), 64, 86, 135, 150, 153

Posadas Ocampo, Juan Jesús, 65, 150

Poveda Ortega, Mauricio Harold, *el Conejo*, 175

Proceso (semanario), 38, 80, 97, 148

Procuraduría General de la República (PGR), 24-28, 46, 52, 55, 59, 64, 65, 72, 136, 142, 145, 146, 148-149, 152-153, 156, 162-163, 184, 195

Puerta Muñoz, Alfonso León, *el Angelito*, 125

Quesada, Juan Diego, 102

Quevedo Gastélum, Giovanna, 75

Quintana Torres, Danny Julián, 123

Quintero Madrigal, Eduardo, 176

Quintero Mariscal, Esteban, *el Pelón*, 145

Quiñón, José M., 116

Radelat, Albert G., 197

Radio Fórmula, 81

Raman, Mythili, 70

Ramírez Cervantes, Antonio, 152, 156

Ramírez Villanueva, José, 66

Recodo, El, 72-74

Reforma (diario), 36, 49

Regis Adame, Juan Carlos, 165

Restrepo, Luis Carlos, 22

Reyna García, Jesús, 176, 188

Río Doce (semanario), 41

Rivera, Guillermo, *el Chaneque*, 55

Rivera, Lupillo, 59

Rivera Acosta, Johnny Edison, *el Palomo*, 125

Rizzo García, Sócrates Cuauhtémoc, 113

Rodríguez Abadía, William, 116-117, 120

Rodríguez Celades, Freddy, 21

Rodríguez de Gil, Amparo, 122

Rodríguez Gacha, José Gonzalo *el Mexicano*, 21

Rodríguez Mondragón, Humberto, 121

Rodríguez Mondragón, Jaime, 121

Rodríguez Orejuela, Gilberto, *el Ajedrecista*, 84, 115, 117-119, 121, 122

Rodríguez Orejuela, Miguel, *el Señor*, 37, 115, 117, 122

Rodríguez Ramírez, Claudia Pilar, 122

Rojas, Dalia, 118

Romero Magaña, Jesús, 46

Rosales Reyes, Fernando, 147

Rosas Elicea, Alfredo, *el Socio*, 154

Ruiz Mateos, Gerardo, 113

Sago Import Export, 162

Sahagún Jiménez, Marta María, 147

Salazar Elenes, Claudia, 59

Salazar Hernández, Alejandrina María, 44, 52, 58, 67, 71, 92

Salazar Zamorano, Adán, 37, 47, 48, 76

Salinas Martínez, Cuitláhuac, 35, 36, 38

Samper Pizano, Ernesto, 120

Sánchez Garza, hermanos, 194

Sánchez Moreno, Rafael, *el Pollo*, 176

Sandoval Romero, Apolonio, *el 30*, 38

Sandoval Romero, Cristo Omar, *el Cristo*, 38

Sandoval Romero, Joel Enrique, *el 19*, 38

Santiago Vasconcelos, José Luis, 60, 144, 145

Saviano, Roberto, 12, 57, 58, 74, 78, 100

Scherer García, Julio, 148

Secretaría de Gobernación, 29, 70, 191

Secretaría de la Defensa Nacional (Sedena), 24, 157, 162, 178, 181, 184

Secretaría de Marina, 11, 17, 18, 21, 39, 49, 54, 68, 86, 129, 149, 167, 178, 181, 184

Segura Barragán, José Luis, 176

Servicio de Inmigración y Control de Aduanas (ICE), 32, 85, 109

Shenzhen Golden E-Fast Technology Co. Ltd., 180

Siderúrgica Lázaro Cárdenas Las Truchas (Sicartsa), 177

Sin Embargo (portal de noticias), 96

Sloman, Jeffrey, 98

Sociedad Civil Organizada en pro de las Autodefensas, 174

Suárez Rojas, Víctor Julio, *Jorge Briceño Suárez, Mono Jojoy*, 22-23

Suprema Corte de Justicia de la Nación (SCJN), 59, 105, 195

Szubin, Adam J., 71

Taborda Echeverry, Valentín de Jesús, 125

Tahvili, Omid, *Nino,* 32

Ternium-Las Encinas, 162

Tetreault, Darcy Victor, 164

The Guardian (diario), 30, 31, 94

The New York Times (diario), 33, 109, 110-111, 112

The Observer (suplemento), 94, 97, 98

The Washington Times (diario), 69

Ticante Castro, Marcelino, *Jonathan Salas Avilés, el Fantasma,* 37, 40-42, 88

Time (revista), 17, 31

Tokhtakhounov Uzbek, Alimzhan, 31

Torres Acosta, Yameli, 63

Torres Castañeda, José Luis, *Nino,* 176

Torres González, Luis Antonio, *el Americano,* 175

Torres Félix, Javier, *el JT,* 63

Torres Félix, Manuel, *el Ondeado,* 63

Treviño Morales, Miguel Ángel, *el Z-40*, 28, 86, 87, 111

Trillo Hernández, Miguel Ángel, 145

Valdés Castellanos, Guillermo, 102, 103

Valdés Villarreal, Édgar, *la Barbie*, 145, 153

Valencia Fontes, Jaime Leonardo, *el Negro*, 150

Valencia Reyes, Guillermo, 176

Vallejo Mora, Rodrigo, *el Gerber*, 176

Vallejo y Figueroa, Fausto, 175

Vargas Correa, Humberto, 194

Velásquez Vásquez, John Jairo, *Popeye*, 125

Velázquez Sánchez, Fidel, 36

Vice (revista), 14

Videgaray Caso, Luis, 179

Villa, Sofía Loren y los sandinistas (José Reveles), 21

Villa Ortega, Raúl, *el R*, 152, 156, 157

Villacero, 177

Villanueva Madrid, Mario, 52-53

Vulliamy, Ed, 97

Wachovia Bank, 94-100

Walker, John Clay, 197

Walker, Tom, 171

Wayne, Anthony, 18

Weissert, Will, 27

Wells Fargo, 95, 97

Wikileaks, 19

Woods, Martin, 99, 100

Yarrington Ruvalcaba, Tomás Jesús, 96

Ye Gon, Zhenli, 79, 95-96

Zambada García, Ismael, *el Mayo*, 10, 12, 34, 47, 57, 75-78, 83, 91, 129, 132, 134, 136, 138, 148, 159

Zambada García, Reynaldo, *el Rey*, 63

Zambada Niebla, Jesús Vicente, *el Vicentillo, el Mayito*, 12, 62, 63, 78, 79-85, 91, 98, 118, 121, 129-135, 138, 139, 159, 175

Zambada Ortiz, Serafín, *el Sera*, 42, 63

Zambada Reyes, Jesús, 64

Zavala Avelar, Alfredo, 190, 196, 198

Zedillo Ponce de León, Ernesto, 187

Zetas, Los, 11, 107, 108, 111, 113, 146, 148, 154, 155, 163, 186

El Chapo: entrega y traición, de José Reveles
se terminó de imprimir en septiembre de 2015
en los talleres de
Impresora Tauro S.A. de C.V.
Av. Plutarco Elías Calles 396, Col. Los Reyes, México D.F.